U0033736

吳忠信日記

（1958-1959）

The Diaries of Wu Chung-hsin, 1958-1959

民國日記｜總序

呂芳上
民國歷史文化學社社長

　　人是歷史的主體，人性是歷史的內涵。「人事有代謝，往來成古今」（孟浩然），瞭解活生生的「人」，才較能掌握歷史的真相；愈是貼近「人性」的思考，才愈能體會歷史的本質。近代歷史的特色之一是資料閎富而駁雜，由當事人主導、製作而形成的資料，以自傳、回憶錄、口述訪問、函札及日記最為重要，其中日記的完成最即時，描述較能顯現內在的幽微，最受史家重視。

　　日記本是個人記述每天所見聞、所感思、所作為有選擇的紀錄，雖不必能反映史事整體或各個部分的所有細節，但可以掌握史實發展的一定脈絡。尤其個人日記一方面透露個人單獨親歷之事，補足歷史原貌的闕漏；一方面個人隨時勢變化呈現出不同的心路歷程，對同一史事發為不同的看法和感受，往往會豐富了歷史內容。

　　中國從宋代以後，開始有更多的讀書人有寫日記的習慣，到近代更是蔚然成風，於是利用日記史料作歷

史研究成了近代史學的一大特色。本來不同的史料，各有不同的性質，日記記述形式不一，有的像流水帳，有的生動引人。日記的共同主要特質是自我（self）與私密（privacy），史家是史事的「局外人」，不只注意史實的追尋，更有興趣瞭解歷史如何被體驗和講述，這時對「局內人」所思、所行的掌握和體會，日記便成了十分關鍵的材料。傾聽歷史的聲音，重要的是能聽到「原音」，而非「變音」，日記應屬原音，故價值高。1970年代，在後現代理論影響下，檢驗史料的潛在偏見，成為時尚。論者以為即使親筆日記、函札，亦不必全屬真實。實者，日記記錄可能有偏差，一來自時代政治與社會的制約和氛圍，有清一代文網太密，使讀書人有口難言，或心中自我約束太過。顏李學派李塨死前日記每月後書寫「小心翼翼，俱以終始」八字，心所謂為危，這樣的日記記錄，難暢所欲言，可以想見。二來自人性的弱點，除了「記主」可能自我「美化拔高」之外，主觀、偏私、急功好利、現實等，有意無心的記述或失實、或迴避，例如「胡適日記」於關鍵時刻，不無避實就虛，語焉不詳之處；「閻錫山日記」滿口禮義道德，使用價值略幾近於零，難免令人失望。三來自旁人過度用心的整理、剪裁、甚至「消音」，如「陳誠日記」、「胡宗南日記」，均不免有斧鑿痕跡，不論立意多麼良善，都會是史學研究上難以彌補的損失。史料之於歷史研究，一如「盡信書不如無書」的話語，對證、勘比是個基本功。或謂使用材料多方查證，有如老吏斷獄、法官斷案，取證求其多，追根究柢求其細，庶幾還原

案貌，以證據下法理註腳，盡力讓歷史真相水落可石出。是故不同史料對同一史事，記述會有異同，同者互證，異者互勘，於是能逼近史實。而勘比、互證之中，以日記比證日記，或以他人日記，證人物所思所行，亦不失為一良法。

從日記的內容、特質看，研究日記的學者鄒振環，曾將日記概分為記事備忘、工作、學術考據、宗教人生、游歷探險、使行、志感抒情、文藝、戰難、科學、家庭婦女、學生、囚亡、外人在華日記等十四種。事實上，多半的日記是複合型的，柳貽徵說：「國史有日歷，私家有日記，一也。日歷詳一國之事，舉其大而略其細；日記則洪纖必包，無定格，而一身、一家、一地、一國之真史具焉，讀之視日歷有味，且有補於史學。」近代人物如胡適、吳宓、顧頡剛的大部頭日記，大約可被歸為「學人日記」，余英時翻讀《顧頡剛日記》後說，藉日記以窺測顧的內心世界，發現其事業心竟在求知慾上，1930 年代後，顧更接近的是流轉於學、政、商三界的「社會活動家」，在謹厚恂恂君子後邊，還擁有激盪以至浪漫的情感世界。於是活生生多面向的人，因此呈現出來，日記的作用可見。

晚清民國，相對於昔時，是日記留存、出版較多的時期，這可能與識字率提升、媒體、出版事業發達相關。過去日記的面世，撰著人多半是時代舞台上的要角，他們的言行、舉動，動見觀瞻，當然不容小覷。但，相對的芸芸眾生，識字或不識字的「小人物」們，在正史中往往是無名英雄，甚至於是「失蹤者」，他們

如何參與近代國家的構建，如何共同締造新社會，不應該被埋沒、被忽略。近代中國中西交會、內外戰事頻仍，傳統走向現代，社會矛盾叢生，如何豐富歷史內涵，需要傾聽社會各階層的「原聲」來補足，更寬闊的歷史視野，需要眾人的紀錄來拓展。開放檔案，公布公家、私人資料，這是近代史學界的迫切期待，也是「民國歷史文化學社」大力倡議出版日記叢書的緣由。

導言

王文隆
南開大學歷史學院副教授

一、吳忠信生平

　　吳忠信（1884-1959），字禮卿，一字守堅，別號
恕庵，安徽合肥人。1900 年八國聯軍攻陷北京，光緒
帝與慈禧太后西逃，鑑於國難而前往江寧（南京）進入
江南將弁學堂，時年僅十七。1905 年夏天畢業後，奉
派前往鎮江辦理徵兵，旋受命為陸軍第九鎮第三十五標
第三營管帶，開始行伍生涯。隔年經楊卓林介紹，秘密
加入同盟會。1911 年武昌起義，全國響應。林述慶光
復鎮江，自立為都督，任吳忠信為軍務部部長，後改委
為江浙滬聯軍總司令部總執行法官兼兵站總監。

　　1912 年元旦，孫中山就任中華民國臨時大總統，
奠都南京，吳忠信任首都警察總監。孫中山辭職後，吳
忠信轉至上海《民立報》供職，二次革命討袁時復任首
都警察總監，失敗後亡命日本，加入孫中山重建的中華
革命黨。並於 1915 年，在陳其美（字英士）帶領下，
與蔣中正同往上海法國租界參預討袁戎機，奠下與蔣
中正的深厚情誼。1917 年，孫中山南下護法組織軍政
府，吳忠信奉召前往擔任作戰科參謀，襄助作戰科主任
蔣中正，兩人合作關係益臻緊密。爾後，吳忠信陸續擔
任粵軍第二軍總指揮、桂林衛戍司令等職。1922 年，

吳忠信作為孫中山的全權代表之一員，與段祺瑞、張作霖共商三方合作事宜。同年 4 月前往上海時，因腸胃病發作，辭去軍職，卜居蘇州。爾後數年皆以身體不適為辭，在家休養，與好友羅良鑑（字佶子）等人研究諸子百家。

1926 年 7 月，蔣中正就任國民革命軍總司令，誓師北伐，同年 11 月克復南昌後，邀請吳忠信出任總司令部顧問，其後歷任江蘇省政府委員、淞滬警察廳廳長、建設委員會委員、河北編遣委員會主任委員等職。1929 年，因國家需要建設，前往歐美考察十個月。1931 年 2 月奉派為導淮委員會委員，同月監察院成立，又任監察委員。1932 年 3 月受任為安徽省政府主席，次年 5 月辭職獲准後，轉任軍事委員會南昌行營總參議。1935 年 4 月擔任貴州省政府主席，次年 4 月因胃腸病復發加以兩廣事變，呈請辭職，奉調為蒙藏委員會委員長。自此主掌邊政八年，期間曾親赴西藏主持達賴喇嘛坐床、前往蘭州致祭成吉思汗陵，並視察寧夏、青海及新疆等邊疆各地。1944 年 9 月調任新疆省政府主席兼保安司令，對內以綏撫為主，對外應付蘇聯及三區（伊犁、塔城、阿山）革命問題，1946 年 3 月辭任後，任國民政府委員，並當選第一屆國民大會代表。

1948 年 4 月，蔣中正當選行憲後第一任中華民國總統，敦聘吳忠信為總統府資政，復於該年年底委為總統府秘書長。1949 年 1 月 21 日蔣中正引退後，吳忠信堅辭秘書長職務，僅保留資政一職。上海易手之前，吳忠信舉家遷往台灣，被推為中國國民黨中央非常委員會

委員，並任中國銀行董事、中央銀行常務理事。1953
年 7 月起，擔任中央紀律委員會主任委員。1959 年 10
月，吳忠信腹瀉不止，誤以為腸胃痼疾發作，未加重
視。不久病情加劇，乃送至榮民總醫院，診療結果為肝
硬化，醫藥罔效，於該年 12 月 16 日辭世。

二、《吳忠信日記》的史料價值

　　吳忠信自 1926 年任國民革命軍總司令部顧問時開
始撰寫日記，至1959 年辭世前為止，共有 34 年的日
記。其中 1937、1938 年日記存藏於香港，1941 年年
底日軍佔領香港時未及攜出而焚毀，因而有兩年闕佚
（1942.3.15《吳忠信日記》）。

　　《吳忠信日記》部分內容，例如《西藏紀遊》、
《西藏紀要》以及《吳忠信主新日記》曾先後出版，披
露其在 1933 年經英印入藏辦理達賴喇嘛坐床大典以及
1944 年出任新疆省政府主席之過程，其餘日記內容大
多未經公開。現在透過民國歷史文化學社的努力，將該
批日記現存部分，重新打字、校訂出版，以饗學界。這
批日記的出版，足以開拓民國史研究的新視角。

（一）蔣吳情誼

　　蔣中正與吳忠信的情誼在日記中處處可見。除眾所
周知的託其就近關照蔣緯國及姚冶誠一事外，蔣中正派
任吳忠信為地方首長的背後，也有藉信賴之人，安頓地
方、居間調處的考量。如吳忠信於 1935 年 4 月派為貴
州省政府主席，原以江南為實力基礎的南京國民政府，
得以將其力量延伸入西南，在當地推展教育與交通等基

礎建設，並透過吳忠信居間溝通協調南京與桂系關係，從日記中經常記述與桂系來人談話可見一斑。而薛岳此時以追剿為名，率中央軍進入貴州，在吳忠信與薛岳兩人通力合作之下，加強中央對貴州的掌控，為未來抗戰的後方準備奠立基礎。又如吳忠信於抗戰末期接掌新疆省務，以中央委派之姿取代盛世才為新疆省政府主席，一改「新疆王」盛世才當政時的高壓政策，採取懷柔態度，釋放羈押的漢、維人士，並派員宣撫南疆，圖使新疆親近中央，這都得是在蔣中正對吳忠信的高度信任下，才能主導的。當蔣中正於 1949 年 1 月下野，李宗仁代總統時，吳忠信居間穿梭蔣中正、李宗仁二人之間，由是可見吳忠信在二人心中的特殊地位。直至蔣中正於 1950 年 3 月 1 日「復行視事」，每個布局幾乎都有吳忠信的角色存在。

（二）蒙藏邊政

　　吳忠信長年擔任蒙藏委員會主任委員，關於邊疆問題的觀點與處置，也是《吳忠信日記》極具參考價值的部分。吳忠信掌理蒙藏委員會，恰於全面抗戰爆發前至抗戰末期，在邊政的處置上，期盼蒙、藏、維等邊疆少數民族能在日敵當前的情況下，親近中央、維持穩定。針對蒙藏，吳忠信各有安排，如將蒙古族珍視的成吉思汗陵墓遷移蘭州，以免日敵利用此一象徵的用心。對於藏政，則透過協助班禪移靈回藏（1937 年）、達賴坐床大典（1940 年 2 月）等重要活動，維護中央權威，避免西藏藉英國支持而逐漸脫離中央掌控。1940 年 5 月於拉薩設置蒙藏委員會駐藏辦事處是最成功的宣示，

力採「團結蒙古、安定西藏」的策略，穩定邊陲。吳忠信親身參與、接觸的人面廣泛，對於邊事的觀察與品評，值得讀者深思推敲。

（三）貫穿民國史的觀察

長達 34 年的《吳忠信日記》，貫穿了國民政府自北伐統一、訓政建國、抗日戰爭到國共內戰，以及政府遷台初期的幾個重要階段。透過吳忠信得以貼近觀察各階段的施政重心與處置辦法，以個人史或是生活史的角度，觀察黨政要員在這些動盪之中的處境、心境與動態。更能搭配其他同樣經歷人士的紀錄，相互佐證。

三、日記所見的個人特質

日記撰述，能見記主公私生活，從中探知其性格與思維，就日記的內容來分析，或許能得知吳忠信的個人特質。

（一）愛家重情

吳忠信的愛家與重情，有兩個層面，一是對於家族的關懷，一是對於鄉誼、政誼的看重。家人一直都是他的牽絆與記掛，他與正室王惟仁於 1906 年結婚，卻膝下無子。在惟仁的寬宏下，年四十迎娶側室湘君，1926 年初得長女馴叔，嘗到為人父的喜悅。爾後湘君又生長子申叔，使得吳家有後，但沒過多久，湘君竟因肺炎撒手人寰，年方二十五，使得吳忠信數日皆傷心欲絕，在日記中曾寫道：「自伊去後，時刻難忘。每一念及，不知所從。」（1932.12.31《吳忠信日記》）爾後吳忠信經常前往湘君墳上流連，一解思念之情。湘君故後，吳

忠信又迎娶麗君（後改名麗安），生了庸叔、光叔兩子。不過吳忠信與麗安感情不睦，經常爭執，在日記中多次記下此事的煩擾。吳忠信重視子女教育，抗戰勝利後，馴叔赴美求學，嫁給同樣赴美、專攻數量經濟學的林少宮，生下了外孫，讓吳忠信相當高興。1954 年，或因聽聞林少宮將攜家帶眷離美赴大陸，吳忠信並不贊成，不斷去函馴叔勸其留在美國，如果一定要離開，也務必來台。同年 8 月 6 日，吳忠信獲悉馴叔一家已經離開美國，不知所蹤，從此以後，日記鮮少提到這個疼愛的女兒。這一年年末在日記的總結寫道：「最煩神是子女問題，尤其家事真是一言難盡。」表現出心中的苦悶。

　　吳忠信相當看重安徽同鄉，安徽從政前輩中最敬重的要屬北京政府國務總理段祺瑞，兩人政治立場並不相容，但鄉誼仍重。吳忠信自段祺瑞移居上海後，經常從蘇州前往探望，段祺瑞身故時，也親往弔祭。對於同鄉後進，無論是在政界或是學界，多所關照，願意接見、培養或是推介，因此深為鄉里所敬重。如 1939 年在段祺瑞女婿奚東曙的引介下，會晤出身安徽舒城的孫立人，在當天的日記中寫道：「〔孫立人〕清華大學畢業後，赴美國學陸軍，八一三上海抗日之後，身負重傷，勇敢可佩。此人頭腦清楚，知識豐富，本省後起之秀。」（1939.9.28《吳忠信日記》）頗為欣賞。或許是命運的作弄，當 1955 年爆發郭廷亮匪諜案時，吳忠信恰為九人調查委員會的一員，於公不能不辦，但於私仍同情孫立人的處境，認為他「一生戎馬，功在黨國，得

此結果，內心之苦痛，可以想見，我亦不願多言，是非曲直留待歷史批評」。

吳忠信同樣在乎的還有政誼，盡力多方關照共事的同事。如羅良鑑不僅是他生活的良伴，也是與他同任安徽省政府委員的至交，兩人都在蘇州購地造園，經常往來。爾後，吳忠信主政安徽省、貴州省與蒙藏委員會時，羅良鑑都是他的左右手，離任蒙藏委員會時，更推薦羅良鑑繼任。1948 年 12 月 21 日，羅良鑑夫婦自上海前往香港，飛機失事罹難，隔年骨灰歸葬蘇州。吳忠信在蔣、李兩方居間穿梭繁忙之際，特地回到蘇州參加喪禮，深為數十年好友之失而悲痛，可看出吳忠信個人重情、真誠的一面。

（二）做人做事有志氣有宗旨

吳忠信曾經在 1939 年元旦的自勉中，自述「余以為做人做事，必有志氣，有宗旨，然後盡力以赴，始可有成。」另亦述及「自入同盟會、中華革命黨而迄于今，未敢稍渝此旨。至以處人論，則一秉真誠，不事欺飾，對於人我分際之間，亦嘗三致意焉。」這是他向來自持的。就與蔣中正的關係而論，自詡亦掌握此一原則，他在同日又記下：「余與蔣相處，民十五後可分三個階段，由十六年起至十八春出洋止，以革命黨同志精神處之；由十九年遊歐美歸國起至二十一年任安徽省主席以前止，則以朋友方式處之；由安徽主席起以至于今，則以部屬方式處之。比年服務中樞，余于本身職掌外，少所建議，于少數交遊外，少所往還，良以分際既殊，其相處之標準，不可不因之而異也。余在過去十二

年來，因持有上述之宗旨與標準，故對國事，如在滬、
在平、在皖、在黔及目前之在蒙藏委員會，均能振刷調
整，略有建樹，絲毫未之貽誤；對友人如過去之與蔣，
雖交誼深厚，然他人則與之誤會叢生，而余仍能保持此
種良好關係，感情日有增進，而毫無芥蒂。……即無論
國家之情勢若何，當一本過去，對國竭其忠、對友竭其
力，如此而已。概括言之：即「救國」、「助友」兩大
方針是也。」

　　由此可知，在吳忠信待人之原則，必先確認兩人之
關係，進而以身分為斷，調整相待之禮。他長時間服務
公職，練就出一套為公不私的原則，經常在日記中自記
用人、薦人之大公無私，此亦為其「救國」、「助友」
之顯現，常以「天理、國法、人情」與來者共勉。

四、結語

　　吳忠信於公歷任軍政要職，於私是家族中的支柱。
公私奔忙之餘，園藝之樂，或許才是他的最愛。他常在
一手規劃的蘇州庭園裡，親自修剪、壅土，手植的紫
藤、楓樹、柳樹、紅梅、白梅等在園中，隨著季節的
變化而映放姿彩，園林美景是他內心的慰藉。吳忠信
1949 年回蘇州參加羅良鑑夫婦葬禮後，短暫地回到自
宅園林，感嘆地寫道：「園中紅梅業已開散，白梅尚在
開放，香味怡人。果能時局平定，余能常住此園以養殘
年，余願足矣。」（1949.2.21《吳忠信日記》）可惜，
這是他最後一次回到蘇州，之後再無重返機會，願與
天違。

　　這份與民國史事有補闕作用的《吳忠信日記》並非
全出於其個人手筆，部分內容為下屬或親屬經其口述謄
寫而成。1940 年，他就提到：「余自入藏以來，身體
時常不適，且事務紛繁，日記不時中斷，故託纕蘅兄代
記，國書姪代繕。」（1940.1.23《吳忠信日記》）且在
記述中，也有於當日日記之末，囑咐某一段落應增添某
公文，或是某電文的文字，或可見其在撰述日記之時，
便有日後公諸於世的預想。或許是如此，吳忠信在撰寫
日記時，不乏為自己的行動辯白，或是對他人、事件之
品評有所保留的情況，此或許是利用此份日記時須加以
留意的地方。

編輯凡例

一、 本社出版吳忠信日記，起自 1926 年，終至 1959
年，共 34 年。其中 1926 年日記為當年簡記，兼
錄 1951 年補述版本；1937 年至 1938 年於太平洋
戰爭爆發後，其家人逃離香港時焚毀，僅有補述
版本。

二、 古字、罕用字、簡字、通同字，在不影響文意
下，改以現行字標示。

三、 日記中原留空白部分，以 □ 表示；難以辨識字
體，以 ■ 表示。編註以 【 】 標示。

四、 作者於書寫時，人名、地名、譯名多有使用同音
異字、近音字，落筆敘事，更可能有魯魚亥豕之
失，為存其真，恕不一一標註、修改。但有少數
人名不屬此類，為當事人改名者，如麗君改名麗
安、曾小魯改名曾少魯等情形，特此說明。

目錄

1958 年（民國 47 年）　75 歲

1 月 1 日　星期三

一、今日係四十七年元旦及開國紀念日，因前兩日陰雨，今晨忽陽光普照，大地回春，風和日暖，天朗氣清。以今日天氣推測，吾人今年應該有進步，但一切必須自己努力，才靠得住。吾人到台灣已將九年，其精神與經濟早至最後階段。我已七五高齡，豈能終老于此乎。

二、上午九時到台北賓館參加本黨中央同志團拜，陳副總統領導行禮，並致詞。

三、上午十時到中山堂參加中華民國開國典禮暨新年團拜。蔣總統親臨主持領導行禮，即席致詞，其中關于國際局勢看法有：今年這一年實為世界命運最重關鍵，這不是說今年大戰必然發生，而是說未來世界大戰禍福安危的關鍵。俄帝發射人造衛星以後，雖有驕橫姿態，還不敢于二、三年內掀起大戰。蓋因俄帝侵略洲際飛彈存量還不夠毀滅民主世界，又因鐵幕普遍反共，而民主國家受俄帝之壓力，而更趨於團結，在科學新武器發展方面更作急起直追之努力。

四、為朱銘源、王令君證婚

陳光甫兄同居二十餘年朱夫人的公子朱銘源世兄與王令君小姐，今日午後五時在國際大飯店舉行結婚典禮，請我證婚。朱世兄卅二歲，江蘇人，滬江大學畢業，現在石油公司做事。王小姐廿二歲，東

北人，係空軍醫院護士。光甫兄曾來電道謝為之證
婚，我復電恭賀。因朱世兄婚事是光甫兄最煩神的
一件事，茲能圓滿完成，使朱夫人老有所歸，則光
甫兄內心大為安慰。

五、關于各處寄來賀年片，仍採取去年做法，即來一
片復一片。往年由李志獻君經辦，因李去服兵
役，特請刁抱石君代為辦理。先後煩擾旬日，其
復片四百封之多，但為社會習慣未能免除俗例。

1月2日　星期四

監察院于院長右任先生于昨日（元旦）在監察院舉
行四十七年團拜，其致辭中重要之處有「一這違法失
職，人們認為我們太苛細，但是善良的國民則認為我們
的工作仍然不夠」。又于院長要求同仁對過去作一檢
討，他說：「我們的工作有沒有因人事關係而中途改變
意向？有沒有遷就情勢而避重就輕？有沒有感情用事？
有沒有敷衍塞責？在此一年之計開始的時候，對于我們
的過去不能不慎重考慮。因為我們成敗不是自身成敗，
而是監察制度之成敗，也就是五權憲法之成敗，更是反
共抗俄的成敗。」于院長上項說話意義深長，是有所為
而發。因最近監察院彈劾行政院俞院長鴻鈞違法失職，
其案情係俞院長拒絕列席監察院會質詢案件，及拒絕調
查中央銀行（俞兼該行總裁）。俞並云係奉總統命拒絕
調查者。查監院調查案件是應有職權，俞拒絕調查殊欠
妥當。

1 月 3 日　星期五

【無記載】

1 月 4 日　星期六

襄叔姪女神精失常

　　我于今日午後偕刁抱石到景美回拜張維翰諸君，順便到襄叔姪女家，見襄叔面色欠佳。他忽告我曰有人要謀害他，生命危險。我囑他鎮定。

1 月 5 日　星期日

　　本日上午特約世祉姪婿、和純姪、刁抱石三人研究襄叔神精失常。忽于中午得本市警局電話，吳襄叔在警局請保護，問我是何原因，告以神精失常。隨即由世祉、和純、抱石、光叔等將襄叔接至和平東路寓所。他說有人追他，要殺他，語言錯亂，但有時又神智很清楚。決定暫住信義路寓所，使其安心靜養（另有較詳記載）。

1 月 6 日　星期一

一、上午九時在中山堂舉行本年首次聯合總理紀念週，推我主席。計到同志貳仟餘人，並請陶常務委員希聖報告，題為「分析當前國際局勢」。他認為世界命運決定于今年，須發動革命戰爭，始能實現和平。

二、偕徐月祥到景美訪本省國民大會代表江白良等。

三、昨夜襄叔睡眠很好，今日神智甚清。

四、惟仁請曾醫室量血壓，高 150，低 75。這是新年
　　最好報到，但望從此穩定。

1月7日　星期二

一、襄叔昨夜睡眠欠佳，說話錯亂。午後麗安陪他請
　　朱仰高診治，據云係更年際，心理發生變化，應
　　予修養，決無危險。

二、英首相麥米倫貿然提議與俄國簽訂互不侵犯條
　　約，法、義兩國贊同，西德考慮，美國反對。無
　　異自由國家自蹈俄陷井，是一種苟安錯覺。

1月8日　星期三

一、上午十時參加中央常務會議。聽取張厲生、陶希
　　聖、陳建中國際共黨會議與大陸匪情報告約三小
　　時之久，總結言之不外：

　　（一）大陸知識份子與人民雖反對共匪所作所為，
　　　　　但無力興兵討賊。

　　（二）美、蘇兩大國都不願發動大戰，各小國亦都
　　　　　畏戰，其他如中東、遠東可能發小戰。倘因
　　　　　小戰引起大戰，美蘇還是不贊成。現在雙方
　　　　　用核子科學軍備比賽，而蘇俄更高唱和平，
　　　　　積極滲透，爭取中立國家。

　　（三）目前民主戰陣線情形居於劣勢，我們無利可
　　　　　言，大家難免悲觀，認為今年是最危險年。
　　　　　我們必須團結內部，才能得到安定社會，才
　　　　　能鞏固台灣基地，才能等待于我有利機會。

　　　　而解決軍公教人員待遇，未可等閒視之。

二、襄叔神精仍不時錯亂。

三、申叔擬回國省親，已將出入境證填好，為避免麻
　　煩起見，特函託經國世兄代為辦理。蓋防奸保
　　密，吾人絕對贊成，但多方留難，使人不敢問
　　津。致蔣世兄原函錄後。

　　經國主任世兄：

　　　　茲因申叔兒擬返國一行，特將申請入境證及申
　　請書奉上，請轉囑主管提前辦理為荷。

　　　　　　　　　　　　　　吳忠信　元月八日

1 月 9 日　星期四

　　上午請朱醫量惟仁老太太血壓，高一百八十，低
七十。我的血壓高一百三十，低七十，相當標準。老太
太血壓尚未大穩定。

襄叔神精大錯亂（元月九日）

　　襄叔移往信義路寓所，情形尚好，自前、昨兩日稍
有變化。今日午飯時，忽面白脣烏，自說病又來了。午
後二時（麗安同去）請朱仰高醫師復診，斷定更年際心
理發生變化，隨時配藥回和平東路寓所。襄叔忽發神
精，將一瓶安定藥水及六粒安眠藥片一齊服下，家人爭
奪藥品已來不及，頃間昏迷，立即送台大醫院急救（時
約下午四時），至夜十二時稍稍蘇醒，已脫危險。

　　十日上午移主住台大醫神精病房（係頭等，另雇
女工照料），許圖調養。此次能以轉危為安，有（1）

在一小時內予以急救；（2）襄叔有強健的身體與心臟；
（3）深感張壽賢兄幫助。

1月10日　星期五
【無記載】

1月11日　星期六
一、中午看襄叔病，精神非常疲困，神智尚清，言時
　　淚下。究竟病因何在，必須恢復健康，再行詳細
　　檢查。此等病須長時修養，非短時間可以痊愈，
　　我決負責盡心盡力為其診治。
二、訪前總統府副秘書長許靜芝兄，他因桃色嫌疑被
　　免職。我勸他「止謗莫若自修」，專心研究佛學。

1月12日　星期日
一、上午九時到台灣大學法學院弔唁丁文淵博士。丁
　　先生係在香港病逝，本日在此舉行追悼會。
二、訪曾隨我在新疆任省府委員兼保安司令部參謀長
　　於達（憑遠），他身體甚好，但生活甚苦。

1月13日　星期一
一、上午九時出席中央總理紀念週，張秘書長屬生並
　　致辭。
二、民社黨領袖之一徐傅霖（孟岩）昨午後六時病故，
　　今晨偕張壽賢兄往殯儀館弔唁。

1 月 14 日　星期二
申叔入境證批准
　　申叔回國入境，已批准入境證，由保安司令部直接送來，遂即電告申叔，並致函外交部葉部長，請轉電駐法大使館速予申叔護照簽證。此次入境證頒發之迅速，均係經國世兄幫助之力也。究竟申叔何時起程，很難預料。

1 月 15 日　星期三
一、上午十時參加中央常務會議。

二、陳光甫兄十一日來函，已撥美廿萬元在台北近郊舉辦中國旅行社招待所。茲接陳益世兄來函，蔣經國先生意欲本行在台東泰魯閣風景區辦一招待所，擬即照辦，擬請經國幫助。今日特將光甫兄函交經國一閱，允予協助云云。遂即函告光甫兄，促其積極辦理。

三、午後五時看襄叔病。據醫生云，他不是神精病，乃是精神病。

1 月 16 日　星期四
　　蔣總裁今日上午十一時約本黨中央評議委員、中央委員、監察院、本黨全體委員在中山堂光復廳餐會，至午後二時半始散。總裁因監察院彈劾行政院俞院長違法失職案，先後發言二小時之久，歷述過去失敗慘痛經驗、現在國勢危急情形，速謀團結，挽救危亡，最後引諸葛出師表「鞠躬盡瘁，死而後已」。我與蔣相處

四十七年，第一次聽到他如此憤慨說話。蔣先生七二高
壽，眼見黨內分奔離析，其內心沉痛可以想見。

1月17日　星期五

　　寒流籠罩全台，昨日台北全日溫度均在攝氏十度，
為今年冬季最冷一天。據氣象所說，玉山溫度已降至攝
氏零下八度，大雪紛飛。由于寒流威力太大，今、明兩
天仍不會暖和。

1月18日　星期六

　　本黨台灣省黨部將改選委員，劉抱誠兄擬進行省
委。我贊成，但強調須有把握才可進行。我預備向現在
省黨部主任委員推薦。

1月19日　星期日

一、晤監察院金委員幼洲，據云監察院同人對總裁
　　十六日午飯會上說話反應欠佳。總裁話既說過，
　　但對于監院彈劾俞院長案，尚無解決消息，而黨
　　內意見紛歧，是非不明，各同志如不澈底覺悟，
　　則前途未可樂觀。

二、今日看襄叔病，較有進步，能下床行走。據云身
　　重減去四公斤。

1月20日　星期一

一、惟仁老太太請曾醫室量血壓，高 190，低 80。這
　　是新年來最高一次，如用朱仰高先生量血器則仍

須高出十度，因此要特別預防。

二、上午九時出席總理紀念週，由行政院美援運用委
　　員會主任委員嚴家淦報告出席國際開發復興銀行
　　理事會議，及考察歐美經濟之觀感。嚴氏頭腦清
　　楚，有為之才。

1 月 21 日　星期二
　　【無記載】

1 月 22 日　星期三

一、惟仁老太太昨日上午請曾醫室量血壓，高 175，低
　　75。總是不能穩定，尤其在冬季變化較多，必須
　　時時留心。

二、晚七時半偕麗安到中山堂，觀賞私立復興戲劇學
　　校首次公演平劇。該校為國劇訓練人才，替孤兒
　　謀求生路。今晚所演四齣名戲非常精彩，尤以自
　　大陸投奔自由祖國李湘芬小姐演梅派貴妃醉酒一
　　劇，造詣甚深，確是梅郎真傳。身材亭亭立立，
　　唱做深得觀眾好評，掌聲不斷。

1 月 23 日至 24 日　星期四至五
　　【無記載】

1 月 25 日　星期六

　　上午十時偕張壽賢到極樂殯儀館弔唁監察委祁大鵬
先生。祁氏東北人，六十三歲，秉性公正，身後蕭條。

惟仁老太太請曾醫量血壓，高一百八十，低八十。

1月26日　星期日

　　晚七時半偕麗安到國際學舍，參加張炎元兄所舉辦同樂晚會，由復興戲劇學校及反共藝人李湘芬、張語凡兩女士公演國劇。

1月27日　星期一

目前國內外形勢

一、目前極大多數國家都畏戰，而蘇聯高唱和平共存老調，為滲透顛覆陰謀。

二、我方無反攻大陸機會，常此以往，影響士氣。

三、我政府財經危機時有發生可能，公教人員生活困難，社會風氣江河日下。台灣同胞對政府表示日漸不滿，對內地來台同胞日漸疏遠。就上項因素而論，充分表現本黨無能力、無人才，尤以不團結為至命傷。我們如不真正極積澈底覺悟，開誠佈公，則隨時可以發生重大事件。

1月28日　星期二

　　曾伯雄老弟逝世將二年矣，他的遺物有銀元十五元，手錶一個，其他舊冬、夏西服各一套，舊中山服一套，舊冬大衣一件，以及舊襯衫、汗衣等。上項衣服多已蟲蛀，因我與惟仁老太太年老，精神不及，無法保存，故于今日將上項衣物統交伯雄知己朋友李廣恩代為保管。

1月29日　星期三

上午十時參加中央第二十四次常務會議，討論「黨營及公營四電影製片機構整理改進方案」。陳常委說明該案因無劇本、無流動資金，與夫影片營業市場範圍太小，所以未能發展，時有虧本，如關山行一片，用去資本一百二十萬元（台幣），只收回四十萬元，主張四製片廠人才集中使用，由中央第四組統一領導。總裁說中央電影公司無希望，如人事與機構不改進，不准向銀行借款，又說中影公司用去一百萬美元，至今毫無成績可言。中影公司腐敗無能，充分可以代表國民黨，我們不能改革，都是官僚，我們不能與共匪鬥爭，如不澈底覺悟，則只有下海，只有投降。言時態度與表情較之本月十六日招待評議委員、中央委員、監察院委員午餐會上說話更為沉痛。我們國民黨因中央失去領導，如同一盤散沙，如同放包螃蟹，各不相下，各為其私。我們要認清環境，對症下藥，積極團結，積極奮鬥，前途大有可為，端在諸同志之一念耳。

1月30日　星期四

【無記載】

1月31日　星期五

一、下午三時主持紀律委員會議，通過例案數件，並擬請諸委員分赴各縣市視察黨務，彼等贊成。會後聚餐，並約本會工作同志一律參加。今日開會與聚餐地點係假中山南路十三號交通部聯誼會。

二、今日係陳副總統、俞行政院長六十一歲生日，我
　　于午後前往慶祝，他二人均外出避壽。

三、襄叔精神較前安定，但有時仍不正常，究不知病
　　根何在。

2月1日　星期六

美國人造衛星發射成功

美衛星進入太空，自由世界聲威丕振，定名「探險家」，用天帝第三火箭射，昇高兩千哩，超俄第二衛星約一倍。

美俄衛星比較

中央社華盛頓一日合眾電

下列是星期五發射的美國「探險者」衛星與蘇俄兩枚史瀁尼克之比較：

	美國「探險家」	史瀁尼克第一	史瀁尼克第二
重量	三〇・八磅	一八四磅	一、一一八磅
形狀	圓筒形	球形	圓錐形
直徑長	八〇英寸	二一・八英寸	十五英尺
載重	十磅科學儀器	科學儀器	一頭狗及科學儀器
發射日期	一八五八年一月卅一日	一九五七年十月四日	一九五七年十一月三日
速度	時速一萬九千英里	時速一萬八千英里	時速一七、八四〇英里
高度	最高二千英里最低一千七百七十英里	最高五六〇英里	最高一、〇五六英里
繞行一週所需時間	一一三分	九十六分	一〇三・七分
角度	與赤道平面成三十五度	與赤道平面成六十五度	與赤道平面成六十五度

2月2日　星期日

一、昨日惟仁老太太請曾醫室量血壓，高一百四十，低七十五。這是多年來少有的現象，是最大進步。

二、偕光叔到木柵訪國大代表姚孟谷（谷良），長于書畫。

三、經濟部次長王撫洲兄女公子濟華與黃大受舉行婚
　　禮，我親往慶賀。

2月3日　星期一

一、上午十時到國防大學出席國防部擴大總理紀念
　　週，並有海陸空三軍各種學校校長、教育長等講
　　習班參加。蔣總裁親臨主持，其訓話結論有發揚
　　團結犧牲革命精神，又說「無領袖即無台灣」、
　　「無國民黨即無中華民國」。

二、午後陪惟仁老太太往桃園訪問蔣老太太，他身體
　　尚好。今日晴暖，如同大陸暮春，兩位老太太見
　　面非常愉快。

三、我于上月三十日為陳副總統祝壽，陳氏昨日午後
　　來謝步，問我有何指教。答曰「身體重要，身體是
　　一切資本。」

2月4日　星期二

　　劉永懋（抱誠）當選台灣省黨部委員，雖由余推
薦，若非他平日做人做事為各方所稱許，曷克臻此。抱
誠並非省代表大會的代表，亦非中央提名，係由代表
（出席）連名簽署而當選者，真是想不到的大勝利。

2月5日　星期三

　　上午十時參加中央常會第二十六次會議，蔣總裁親
臨主席。其說話先後約一小時，茲摘其中最重要者記
于後。

◎自從第八次全國代表大會四個月後，一切沒有改革，反不如大會以前。這樣中央常會是不行的。常會是領導中心，每禮拜開會說什麼，這樣下去過不去了。

◎立法院內中央委員不敢說話。

◎監察院不過受二、三人操縱，其他黨員都不肯說話。此次監察院不遵中央決議，是黨的最大失敗。

◎沒有正氣與志氣，不知責，就是不知恥。

◎這樣做法，不但不能回大陸，在台灣亦不行。

◎「不憤不啟，不悱不發」，不刺激不能發展。

◎以為有領袖，一切可以不管，使領袖信用失去。

◎共匪不能長久存在的，另外有人代替的，我們不能回大陸的。

◎專靠黨的歷史，是靠不住的。

◎台北市此次選舉市議員情形，不可輕視（反本黨），台灣很容易出事的。

◎領導無方，本人亦有責任，不能責其他黨員，要快改變領導作風。

◎沒有是非的黨，當然失敗，須切實研究領導方法。

◎監察院不遵中央決議，應該有個決定處理方案。

◎黨若如此，在台灣一、二年都維持不下去。

◎立、監院如此做法，一、二年內亦維持不下去。

◎立、監兩院須切實整頓。

◎立、監兩院有道理人居多數，不會反黨的，搗亂是少數。

◎自家不想辦法，得過且過，一切關係與問題都在組織。

◎中央政策會議不行，應該研究從前中央政治委員會。

◎黨真正要拿一個辦法，將民意機關少數目無法紀害群之馬除去，黨的組織就是除去害群之馬，毛病出在組織不健全。

◎時時求改進，但對黨的立場與原則不能改變。

◎對開除黨籍人，還要對他同情，對他重視，不分敵我，黨毫無價值。

◎有人等待開除黨籍。

◎照這樣下去，沒有面目再做總裁理了。

◎如何革命，是轉移風氣，克復環境，我們實得其反，是自欺。

◎我們沒有革命氣氛，沒有是非，共匪說我們是殘餘官僚集團。

◎預防敵人各種動象，加強我們自己。

◎不利風要來了，我們要準備。

◎革命要打破環境，不能依靠法律保障，紀律與利益不能受此縮縛，要有此精神才能算革命黨人。凡不守紀律的黨員，要有對付方法。

◎共匪在台灣陰謀大家要知道，去年說和談，現在謀刺領袖，間接毀謗。

◎不能利用領袖威望與責任，如能利用，可以負責。

◎組織分析各種人士、中立主義，是長期的。

◎分析知識分子、組織知識分子，因為沒有人去聯絡，並不是知識分子有意反對我們。加強組織領導作風，使一般黨員與知識分子發生效能，使大家有希望。

◎總觀總裁說話，深知內外情形危急，政治腐敗，黨不團結，其苦心情急可以概見。為何弄到如此地步，只有大家開誠佈公，上下一心，才可挽回劣勢。

2月6日　星期四

友人徐聖禪先生（桴）于本月五日上午六時病故。由生前友好組織治喪委員會，本日上午十時在甯波同鄉會召開會議，推我任臨時主席。決定本月八日下午公祭後，舉行火葬。徐先生浙江甯波人，享壽七十六歲。早歲參加革命，一向在政治、財經方面服務。

2月7日　星期五

一、上海銀行副董事長朱如堂兄日前由港來台，本日上午過談該行近況。

二、據世祉云，襄叔經電療後，似有進步。

2月8日　星期六

上午偕壽賢兄到極樂殯儀館弔徐聖禪先生。

朱葛亮治蜀對聯

能攻心，則反側自安，從古知兵非好戰；

不審時，則寬嚴皆誤，後來治蜀要深思。

2月9日　星期日

上午偕麗安到台大醫院看襄叔病，進步很慢，有時好，有時不好。

2月10日　星期一

台灣省黨部新舊主委交代

　　台灣省黨部改組，本日上午九時舉行交接儀式。中央派我監交，我致辭如後：

　　今天是郭主委競秋（澄）、新主任委員任覺五同志舉行交代，中央派本人監交，深感愉快。

　　郭主任競秋在任四年，工作辛勤，處理事體公正和平，各方面很多建樹，台灣黨部已經有良好基礎。新主任過去在黨務方面、教育方面、軍事方面都有貢獻，是文武兼資一位同志，此次繼任主任委員，乃是用得其才，今後必能使台灣黨務更加發展。

　　中央的政策是要把台灣建設為三民主義模範省，因此台灣省黨務非常之重要。我們台灣省黨部現有黨員二十餘萬人，縣市長以及縣市議會議員極大多數是我們同志。希望諸位在組織上、領導上多加研究，使所有同志一德一心，為反攻復國的先鋒。

　　以主任委員及各委員現在的年齡、身體、學識、經驗，都是最豐富時期，亦是最有作為時期，而且是本黨最優秀中堅幹部。希望諸位遵照總裁迭次訓示，加倍努力，積極奮鬥，完成黨所付給我們的時代使命。完了，祝諸位成功。

2月11日　星期二

一、上午九時參加故友朱霽青先生逝世三週年紀念會。

二、拜訪前省黨部主委郭競秋兄，他本是中央委員，又新發表光復大陸設計委員會副秘書長。

三、惟仁老太太最近血壓有波動，昨日午後請曾醫室
　　診斷，高血壓二百，低血壓九十。今日上午十一
　　時朱仰高診斷，高一百九十，低八十五。此次波
　　動，係受時令與氣候的影響。
四、沈維經兄介紹香港上海商業銀行副經理謝超（作
　　周）來見。謝氏聲聲贊成台灣進步、秩序良好，
　　他將于明日返港。

2 月 12 日　星期三

一、老太太請曾量血壓，高一百九十，低七十五。
二、上午偕壽賢看江元仁病。又回拜吳錫老名士楊翰
　　西先生，現年八十二歲。

2 月 13 日　星期四

一、本日收到申叔二月五日由巴黎致周彥龍函，一切
　　準備完成，即待旅費起程。
二、申叔友人蔣伯競本日午後來云，擬本月二十日起
　　程飛香港，耽擱數日，擬廿四日由港飛巴黎。

2 月 14 日　星期五

一、前、昨兩日氣候奇寒。台北市昨晨日出前的氣
　　溫，最低降到攝氏二度六，陽明山早晨冰厚逾
　　寸。山地以玉山最冷為零下十五度，其次為阿里
　　山達零下六度，這是多年很少紀錄（有人說五十年
　　未有之奇寒）。
二、本日電匯申叔旅費美金八百元。此項支票係由張

壽賢託外交部沈昌煥次長電駐法國大使轉交者，
已另電申叔。

三、本日午注射本省製生化大補維雄。

2月15日　星期六

一、申叔二月八日由巴黎致彥龍函，等旅費匯到即起
程，並說乘飛機直飛台灣。

二、惟仁老太太本日請曾醫室量血壓，高一百六十
五，低七十五。

2月16日　星期日
美國富強之道

美國富強各種條件固多，其重大因素是經濟基礎穩
固，以經濟支持政治，再以政治支持軍事，反之則國家
沒有不動蕩者。中國所謂「足食足兵」，又謂「衣食足
則禮義豐」，就是這個道理。

2月17日　星期一
丁酉除夕感想

今日係農曆丁酉年除夕，癸丑月，乙丑日。我們反
攻遙遙無期，由大陸來台同胞將近十年，多感生活日
艱，前途黯淡。

現在負責諸公，以做官發財為目的，以挑撥離間為
能事，欺黨國、欺領袖、欺自己。

過去由于中央忽略理論重要性，許多受馬列主義影
響的說法流行多年，以致近年來思想混亂，促成我們失

敗。今後如不澄清，不但重要政策不能定，且可形成反
共抗俄的障礙。而理論根本問題未澄清，是最基本，是以
前黨的主張許多辦法行之以久而未生效，應考慮變更，
而不宜堅持成見。

2 月 18 日　星期二

戊戌元旦，雖冷雨連綿，但大街小巷到處可聞恭賀
新喜聲音，一片歡度春節景象，尤以昨夜、今朝爆竹
聲不絕于耳，迎接新春。我偕光叔兒往黨國長老于佑
任、許世英諸先生家拜年。又到章嘉大師家，向其遺
像敬禮。

2 月 19 日　星期三

昨年曾訂公約不拜年，但專拜長者不以違背公約
論，因此昨、今兩日仍有親友二百餘人到我家拜年。我
亦只有酌送名片，以示謝步之意。

2 月 20 日　星期四

上午十時合肥同鄉會假民眾服務處禮堂舉行團拜，
並頑獅子，很有精神。我捐三百元，聊表敬意。過年頑
獅子，是我們家鄉過年遊戲，亦是最好一種運動。我已
有將六十年未看見此種獅子舞。合肥同鄉在台北約有
二、三千人，同鄉會係由金幼洲兄主持。今日忽然放
晴，同鄉團拜非常高興。

2月21日　星期五

【無記載】

2月22日　星期六

一、今日天氣清和，陽光普照。我陪惟仁老太太到居
　　覺生先生女公子載春家，又到劉秉寬家。

二、下午五時出席小組會議，地點王世杰先生公館，
　　彼此交換時局意見。

三、下午惟仁老太太請曾醫室量血壓，高一百六十，
　　低七十。

2月23日　星期日

【無記載】

2月24日　星期一

　　上午十時出席中國銀行第十八次常務董事會議，討
論調整重要職員，將東京分行經理張武調升總行副總經
理兼總行國外部經理，紐約分行副經理余鄂賓升充紐約
分行經理等等。內外人事大升調，亦是中行少有大調
動。徐董事長既說明調動人員能力、資歷都很好，我們
只有同意。

2月25日　星期二

　　晚七時半偕光叔到中山堂，參加經國世兄招待平劇
晚會。

2 月 26 日　星期三

　　上午十時參加中央常務會議第二十九次會議，聽取台灣廿一縣市議會議長、副議長選舉情形，其中有不聽提名、違紀競選數人。經一小時以上時間研究，發言者很多，意見亦不一致。最不好的現象，是本黨在台灣廿一縣市新選議員中占極大多數，而台中縣竟選出非本黨黨員為議長，這是嚴重一個問題。其因素固多，而根本原因是黨的提名不公正，及否認現實，與夫組織未能盡善。吾為黨政前途感到非常憂慮。

2 月 27 日　星期四

一、惟仁老太太請曾醫量血壓，高一百六十，低六十五。

二、下午四時出席中央銀行第八屆理事會第十次會議。報告事項有行員張昌年監守自盜及處理情形案，及本行總裁、副總裁待遇案。討論四十六年度營業決算案。

2 月 28 日　星期五

　　下午三時主持紀律委員會第五次會議。

3月1日　星期六

午後五時偕麗安到台大醫院看襄叔病，較前大有進步。惟為節損經費起見（時間過得快，住院已五十日矣），今日由頭等病房移至三等病房（因過去三等病房沒有空房間）。頭等病房每日八十元，另雇一位女用人每日二十元，及其他藥品費等等。我為愛護子侄及對兄弟交代起見，雖在生活艱苦中，亦應勉力而為之。

3月2日　星期日

一、民立報老同志、現任監察院委員朱宗良先生的夫人黃志立女士日前逝世，享壽六十九歲。本日在善導寺開弔，我于上午九時親往弔唁。
二、沈維經兄的公子在美國學業完成歸國，本日維經陪同來我家訪問。

3月3日　星期一

下午參加裕台公司第七屆第四次董事會。討論四十六年度業已終了，本會所屬各事業單位，分別加以檢討應興應革諸事宜。

3月4日　星期二

一、今日係農曆正月十五日，乃是一年一度元宵節（又稱上元節），街頭各式各樣爭鬥奇巧花燈。雖因陰冷天氣與毛毛細雨影響花燈，但台灣同胞照例每家大事拜拜祭財神。
二、章嘉大師圓寂週年，由我與于右任老先生及其弟

子發啟，建藥師如來法會。我于上午九時半到善
導寺參加法會，並向大師遺相敬禮。

三、中午十二時卅分徐鼐（健青）招待午餐，在座都是
同鄉。

四、狄君武（膺）、白上之（瑜）招待晚餐。在座者
大都是在本黨改造前中央監察委員會常務委員，如
張知本、王秉鈞、劉文島、魯蕩平、邵華及現在紀
律委員會工作同志十數人。此十數人于改造時由監
委會轉移紀律會者。因君武同志原任監委會秘書
長，上之同志原任監委會副秘書長，所以狄、白
兩同志特于元宵節約舊日同志、同事歡聚。我與壽
賢兄雖非前監委會同事，特別被邀者。

3 月 5 日　星期三

上午十時參加中央常務委員會第卅一次會議。其重
要案件有擬具「本黨對中央從政幹部執行政策領導辦
法」草案，其精神為挽回黨政紛歧意見，擬加強中央政
策委員會。將由中央指常務委員七人、五院院長、總統
府秘書長、中央黨部秘書長、副秘書長、立監兩院本黨
黨部常務委員，以及總裁指定人員與其他應列席人員組
織之。凡有關政策性大事，先由此會決定，再提常會。
此案已經小組多次研究，本日常會作原則性決定，再經
文字修改，然後送呈總裁察閱，再與五院有關從政同志
溝通意見，將此案付函送各同志，如各同志贊成，則依
規定簽送覆函，否則視同放棄黨籍論。就我看來，是本
黨改造失敗後再走回頭路，倘文章有聲有色，不能切實

施行，又何必多此一舉。陳副總裁今日在常會申明，有
人說他與蔣經國同志各人組黨，是沒有這件事，是有人
從中挑撥，果有其事，願全黨共棄之。陳又轉述總裁
話：「經國此時負責是犧牲的」。現在政治謠言很多。

3月6日　星期四

惟仁老太太昨日（五日）請曾醫量血壓，高一百六
十，低六十五。

3月7日　星期五
光叔批評伊母個性

光叔兒批評伊母（麗安）個性，「敏感」、「多
疑」、「小氣」。上三者都是麗安最大缺點，尤以多疑
是其個性中之主因，所以一切煩惱以及不能與人久處，
均上三者而生也。我認為麗安優點很多，如「勤檢」、
「克苦」、「能幹」是一般人少有的，但優點確被缺點
沖淡，人家只見其缺點，而不見優點，真是可惜。我的
個性與麗安個性三項缺點實得其反，所以彼此談話，時
常發生不愉快事件。

3月8日　星期六

【無記載】

3月9日　星期日

襄叔于一月九日自台大醫院急診室移住神精科病
房，迄今已兩個月，最近情形好轉。本日由世祉陪他遊

覽公園，並到和平東路午飯，午後仍回醫院。若能再一
步一步好轉，則可考慮出院。

3 月 10 日　星期一
【無記載】

3 月 11 日　星期二
今晨地震

　　上午八時卅分台灣全省發生地震，是五年來最長的
一次。總震動時間一小時又十二分，台北市震動為三
級。調查結果，各地均無損失。據省氣象所報告，震源
在宜蘭東南東二百八十公里附近海底一百公里深處。

3 月 12 日　星期三
一、申叔農曆生日及其來信擬回台

　　本日收閱申叔五日致林聖揚函，說蔣伯競回法，
已于上月廿八日與之見面，是日正是他陽曆生日
（一九三二年二月廿八日出生江蘇吳縣）。並說遊
子思鄉，此心如剪，目前行期尚未確定，不久當另
有函報告云云，又附寄最近照片一張，閱之比較過
去似覺穩定。申叔係農曆壬申年正月廿三日出生，
今日正是正月廿三日，家中正擬聚餐，有和純夫
婦、世祉、抱石、光叔、金夫人等。惟仁老太太閱
申叔函與照片，非常高興。
二、上午十時參加中央常務委員會第卅三次會議，聽
　　外交部葉部長報告人造衛星發射後之美蘇關係。

3月13日　星期四

惟仁老太太請曾醫量血壓，高 165，低六十五。

美國最近對遠東之表示

一、美國務卿杜納斯在馬尼拉東南亞洲公約理事會年
　　會發表演說，向亞洲盟國保證，美國對匪政策決
　　不改變，不承匪偽，更拒其入聯合國，敦促東南
　　亞加強軍力。

二、美國務院、國防部發表聯合文件，台灣構成亞洲
　　連鎖，中國軍隊已成為有效防衛單位，關係自由
　　世界安全，且為大陸人民及僑胞所共仰。

三、美國駐遠東使節會議十四日在台北揭幕，杜國務
　　卿親自來華主持此會。

就美國上三項表示，可以證明美國重視遠東。

3月14日　星期五

我國反對日匪「貿易協定」

　　日商與匪訂「貿易協定」，雙方代表團駐在對方得
「懸掛其本國旗」。我外交部嚴正聲明，促日本政府勿
予批准。

　　立法院決議一致支持政府所採立場，必要時應採斷
然行動。立委群情憤急，甚至有主張斷絕邦交者。

　　現值中日貿易會議正在台北舉行之際，我政府以日
本與匪貿易未澄清前，我政府決停止會議，此等措施非
常明智。

　　日匪貿易協定不但使共產主義擴大其對日滲透活

動，與對自由世界目標亦將不利。最重要是影響兩個中國之謬論，于我國實屬不利。

日本人素來投機取巧，無國際信義，因侵略中國戰敗投降，受人類第一次原子彈之殺傷，仍未有覺悟。在戰後我們對日過于寬大，超過限度，我們對日外交人員乃抱往日恐日心理，引起日本自大與驕傲之故態。茲有剪報黏于後。

中央社訊

外交部於十三日發表聲明，抨擊日本若干人士與匪偽政權勾結，企圖擴大匪區與日本間貿易的活動。外交部在這篇措詞強硬的書面談話中，堅決要求日本政府否決「日本民間代表」與匪方所簽訂的所謂貿易協定。外交部的聲明說：「中華民國政府深盼日本政府對上述所謂協議不予核准，並尊重一般國際慣例，嚴禁其實施，以免中日邦交遭受嚴重損害。」

據美聯社東京六日電：日本的一個私人組織的「準官方貿易代表團」，已和匪幫代表於三月五日在北平簽訂一項為期一年的「貿易協定」，其中所附的備忘錄中，曾約定雙方得互派貿易代表團駐在對方，並得「懸掛其本國旗」。

中國政府認為這種事件的實施將嚴重地影響中日兩國邦交，故曾在臺北與東京兩地與日本官方代表嚴重交涉。

外交部發言人在書面談話中說：「近數年來，日本方面若干人士因欲擴大對匪貿易，進而企圖與匪交換商

務代表，我政府迭向日政府表示堅決反對，乃若干日本
民間代表竟於三月五日在北平與匪方簽訂一項「貿易協
定」，其所附之備忘錄中，甚至允許匪幫派駐「商務代
表」，並得懸掛匪旗及享受特權與便利。倘日政府竟予
同意，非特妨害中日關係，且勢必使國際共產主義擴大
其對日滲透活動，對自由世界之目標，亦將發生極不利
之影響」。外交部指出日本如果接納匪方所謂「商務代
表」，勢將引起「嚴重影響」，並稱：

「我政府認為此事非常嚴重，外交部葉部長日前曾
兩度約晤日本駐華大使堀內，鄭重表示我方態度。我駐
日大使沈覲鼎復奉命連日分訪日政府首要，根據我方堅
決反對之立場，提出強硬交涉。中華民國政府深盼日本
政府對上述所謂協議不予核准，並尊重一般國際慣例，
嚴禁其實施，以免中日邦交遭受嚴重之損害」。

3月15日　星期六

司法院長王寵惠（亮疇）先生于本（十五）凌晨病
逝，享壽七十八歲，總統令張羣等為王氏辦理治喪事
宜。我于上午十時往殯儀館弔唁，下午三時至司法院參
加王氏治喪會議，決定于十八日上午十時大殮。王氏原
籍廣東東莞，出生于香港，為當代法學權威，我國第一
位大法學家。

3月16日　星期日

上午到北投回看中國旅行社總經理江元仁兄，談談
該社在台發展情形及上海銀行來台後之經過，強調今後

上海行與政府應相互守信。

3 月 17 日　星期一

上午九時參加中央總理紀念週。下午偕麗安到朱醫處診治麗安頭痛等症。

3 月 18 日　星期二

一、昨日收到蔣伯競世兄來函，申叔即將回台。

二、王亮疇先生上午大殮，余往弔唁。

三、寄嶠右肘骨突出一小部，本日（十八）上午七時半
　　陸軍總醫院用手術，余十時往視。

3 月 19 日　星期三

上午十時參加中央常務會議，總裁主席。聽取陳副總裁等口頭說明改進黨政關係案，未蒙總裁採納。總裁強調「民主與革命，黨員重登記」，其說話大意如後。

◎民主是目的、是原則，革命是手段、是法則。

◎革命是處變，大家認為不民主，所以做不通。

◎沒有革命精神，不能反攻大陸。

◎民眾對我們沒有信仰。

◎要有革命手段，才能挽回劣勢。

◎心理受威脅，大家不要怕革命。

◎總裁說革命先革心。

◎大家不知道危險，黨的崩潰心理，大家不知道。

◎你們的辦法不行（指常務委員多次研究黨政聯繫改
　革決議案）。

◎現在敵我不分，不怕他不登記，不怕他入反對黨。

◎革命民主政黨要名付其實。

◎拿反對派話來說，決不可聽。

◎我們不再整理黨，就與卅七年情形一樣。

◎從前總理說革命二字已去了，你要不革命，就不是
　總理信徒。

◎這個決議方案是不革命的，不必再交議。

◎從中央黨部、總統府起一律登記。

◎理由是實行民主革命政黨精神，從新登記。

3月20日　星期四

一、行政院局部改組

　　總統昨日明令公佈，內政部長王德溥、財政部長徐
　　柏園、經濟部長江杓辭職照准，特任田烱錦為內政
　　部長、嚴家淦為財政部長、楊繼增為經濟部長。

二、現任行政院政務委員蔡培火先生（台灣人）上午
　　十時來見。他說更換三位部長，行政院長應負連
　　帶責任，而院長不更換，就政治道理來說是奇怪
　　的，弄到莫名其妙。態度非常憤急，意在要我挽
　　回。我答曰更換三部長，我事先不知道，昨午才
　　知道，這個措施是應付當前環境。

三、社會批評，俞院長鴻鈞不久以前經監院察彈劾，
　　受過申誡處分。新財政部長嚴家淦前任台灣省主
　　席，因省府遷台中興建房屋等案，有職員一百數
　　十位因貪汙被捕。嚴氏雖未貪汙，究屬難免失察
　　之咎。

3 月 21 日　星期五

許汝為兄由香港來函

　　李子寬兄陪同許汝為兄大公子及許女婿來見，並面
交汝為先生給我的信，約我赴港面商救黨事宜。我當即
告許公子等，我不準備赴香港，請為我致意汝為先生
云。茲將其原函錄後。

禮卿吾兄同志惠鑒：

　　久未通候，時深繫念，諒必彼此同念也。茲者國事
日非，民無焦類，吾黨同志亟應圖謀團結，始能挽狂瀾
于既倒，救國運之垂危，方不致辜總理之付託。夙夜籌
思，亟望吾兄促駕前來，面商一切。對于此事，日前承
介石同志派黎鐵漢君到舍問候，希兄代為感謝。弟並托
黎君電報告，懇請介石同志早日派兄代表前來密商救國
救黨事宜。惟久未得吾兄動程日期，故特此函，請早束
裝就道為盼。謹奉聞。順頌

春安

　　　　　　　　　　　　　弟許崇智敬啟　　三月十九日

3 月 22 日　星期六

　　章嘉圓寂週年，從三月四日起在善導寺建藥師如來
法會，今日圓滿。我于上午九時半親往該寺敬香。

3 月 23 日　星期日

一、我連日到陸軍總醫院看寄嶠，他的右膀骨施行手
　　術後情形良好。

二、昨日（廿二）午後五時到朱騮先家出席小組會，討

論對日外交問題。

3月24日　星期一

惟仁老太太上午請曾醫量血壓，高一百六十，低六十五。此等高低已穩定十日之久。

3月25日　星期二

一、吳稚暉先生九四誕辰紀念，我偕張壽賢兄于上午十時到中國廣播公司禮堂，參觀稚老遺墨展覽。

二、中午十二時三十分，蔣總統約總統府評議委員、國策顧問、戰略顧問午餐，計到八十三人。我準時前往參加，地點台北賓館。

三、下午五時參加裕台公司第七屆第五次董事會，討論決算及增資台幣一百五十萬元案。

3月26日　星期三

上午十時參加中央常務會議，討論四十七年度國家總預算，其支出五十三億數千萬元，其收入差額約四億至六億元。但以每年預算所得經驗都是虛收實支，何況每年追加預算數字又是很大，奈何。

3月27日　星期四

今日是鈕永建（惕生）八十晉九生日，為本黨元老年齡最高之一人，老人婉謝各界親友做壽，偕夫人同往碧潭遊覽避壽。余于上午九時親往鈕府簽名慶祝。鈕先生係江蘇上海市人，生活簡單，每日四時左右即告起

床，到公園散步，並有相當運動，此皆長壽之道。

3 月 28 日　星期五

下午三時主持紀律委員會第六次會議，除討論例案外，對于總裁迭次在常會指示有關黨紀問題，與各委員交換意見。我們的職權、黨章規訂、審議黨紀、稽核財務是被動的，向例紀律會決議案件須經常會批准。當前立、監兩院問題，不在紀律，而在黨政協調。

3 月 29 日　星期六

上午十時惟仁老太太請朱仰高量血壓，高一百七十五，低八十。

曾伯雄兩週年

曾伯雄老弟是民國四十五年三月廿八日（即陰曆丙申年二月十七日）逝世，本日上午偕光叔前往墳墓祭掃。墓地四週經張壽賢兄託管理公墓人加以整理，並種柏樹八株，甚為整齊美觀。

3 月 30 日　星期日
為郭清華、沈鵷書證婚

郭清華合肥人，現年二十七歲，台灣大學法學院政治系畢業，政治大學研究所外交系畢業，高等文官考試外交官考試及格，現任外交部秘書室薦任科員。清華係郭元嶠二公子，寄嶠胞姪。

沈鵷書浙江杭州人，現年二十五歲，台灣大學法學

院經濟系畢業，係沈建飛女公子。建飛曾在中央黨部服
務十餘年。

　　本日（卅）午後五時在中山堂光復廳舉行結婚典
禮，請我證婚。由薩孟武、侯銘恩任介紹人，薩係台大
法學院長，侯係台北紗廠總經理。

3 月 31 日　星期一

　　【無記載】

4月1日　星期二

【無記載】

4月2日　星期三

上午十時參加中央第四十次常務會議，總裁主席。討論「中央從政幹部組織辦法」修正草案及「中央從政幹部組織辦法」各一種，提請核議案。經小一時又卅分時間討論，各委員紛紛發言，皆因本案顧慮太多，而總裁亦多指示，其結論再交小組研擬。蓋本案已經中央常會及小組會一共開會卅餘次，其案情之重大與各委員意見之不同，可以想見。

4月3日　星期四

上午十時參加總統府國父紀念月會，新任國史館長羅家倫、內政部長田烱錦、財政部長嚴家幹、經濟部長楊繼增、駐墨西哥大使何鳳山等八人宣誓就職。總統親臨監誓，對各新任官員訓勉三點：負責盡職、厲行法治、協調合作。

4月4日　星期五

上午九時參加中國大陸災胞救濟總會第八屆年會，該會八年來工作，百餘萬人獲得濟助。

4月5日　星期六

風俗考載「寒食，清明人家插柳滿簷，青青可愛，男女咸戴之」。至于寒食，古有除火之忌，此或紀念介

之推故事。明、清兩朝以來已不禁火，寒食也就與清明
合併一起了。

4月6日　星期日
我七十五歲生日

　　今日係陰二月十八日，我七十五歲生日。我向來不
做生日，然有少數親友知道者，如行政院俞院長、黃副
院長等親來祝壽，深為感謝。過去一年身體尚屬康健，
其內心一生未完公私事件固多，尤以個人一生回憶尚待
寫作。惟記憶力一年不如一年，對過去事件大多記不清
楚，奈何。老父老母生死日期書于後。父生於道光廿八
年正月十七日寅時，歿於光緒十一年三月初九寅時。母
生于道光廿八年十一月廿三日丑時，歿于光緒十六年三
月廿六日亥時。父歿，我一歲零二十一天。母歿，我六
歲零二十八天。

4月7日　星期一
一、上午十時到陽明山介壽堂參加總理紀念週。今日
　　係實踐研究院分院第廿七期研究開學典禮、台灣
　　省第四屆縣市議員同志講習班第一期開學典禮，
　　與紀念週合併舉行。總裁親臨主持，並訓話，大
　　意台灣同胞與內地來台同胞精誠團結，共匪對我
　　們大陸同志澈底清算，如來台灣對我們是一樣清
　　算，不會例外的。我們抱定黨存與存、黨亡與
　　亡。台灣是我們中國一部，載在開羅會議，絕不
　　容分離的。

二、國大代表高長柱兄，安徽全椒人，擬進行蒙藏委
　　員會委員長位置，迭次請我向總統府張秘書長進
　　言。我今晨在陽明山會見張氏，據云蒙藏委員會
　　委員長並無調動消息，高氏說話太不實在，無的
　　放矢。

三、老同志馮自由先生因腦溢血，不幸于四月六日下午
　　逝世。本日（七）下午三時在中央黨部舉行治喪會
　　議，我准時出席，並推舉馬超俊兄任治喪會主任
　　委員。馮先生廣東人，享壽七十七歲。

4 月 8 日　星期二

　　胡適博士今日午後二時四十分自美國經日本飛抵台
北，我到機場歡迎。胡氏去年胃部施行手術後，健康尚
未完全恢復。胡氏于民國四十三年二月出席國民大會代
表集會返國，至四月去美。胡氏返國就任中央研究院院
長職後，仍將去美。

4 月 9 日　星期三

　　上午十時參加中央常務會議，總裁主席。討論「外
匯貿易改進方案」，該案簡化匯率，並加強結匯證運
用，開放自備外匯與貿易商登記，實施後勢必影響物價
上漲。政府當局感于當前之危機，不得不冒險改進，認
為物價上漲是一時的。茲將改進方案黏于後。

本報訊

　　全國人民矚目重視和殷切盼望的國家財經大改革中

的最重要項目外匯貿易改進方案，前經政府有關當局和
許多財經專家學者共同長期的縝密研討，並採納民間各
界尤其工商業界人士的重要意見，業已獲得具體的結
論，並經政府當局正式核定，定於本月十二日公布實
施。據記者從權威方面獲悉：此項新的外匯貿易改進，
係以穩定物價、充實財政、刺激生產、鼓勵輸出、發展
經濟為最高原則；而其所採取的改進措施，最重要的約
有下列幾點：

（一）簡化匯率：政府將明定每一美元折合新臺幣
　　　二四‧七八元之比價為基本的法定匯率，而將
　　　原有結匯附加之防衛捐及結匯證官價取消；但
　　　民間的進出口結匯，則於法定匯率之外，另加
　　　結匯證價格，使其總額與優惠匯率約略相等。
　　　至於現行其他各種匯率，概予取銷。這樣使外
　　　匯匯率趨於簡化，不致如過去的複雜，將來再過
　　　相當時期，廢除結匯證，正式實施單一匯率。

（二）加強結匯證之運用：出口所得外匯，可向政府
　　　結匯領取百分之百的結匯證，所有進口物資，
　　　均須憑結匯證申請結匯，出口商之結匯證，可
　　　在市場公開出售，進口商亦可在市場公開購
　　　買，臺灣銀行可照政府指示，訂定結匯證之合
　　　理牌價，作為市場結匯證買賣之依據。

（三）進口物資預算辦法，照舊沿用，但進出口物資
　　　分類，卻從新編定，即除禁止進出口物資外，
　　　其餘照下列分類：在出口物資方面，公營之糖、
　　　米、鹽定為甲類，此外為乙類；至於進口物資

方面，則供國內應用的重要必需品，如機械、肥料、原油、棉花、黃豆、小麥等為甲類，此外為乙類。

（四）進出口物資結匯辦法：

一、出口物資方面，甲類出口物資，照每美元折新臺幣二四·七八元之法定匯率結匯，政府匯入款亦同。乙類出口物資，除照法定匯率結匯外，另給等額外匯之結匯證，普通匯入款結匯亦同。

二、進口物資方面，甲類進口物資與政府匯出款，均照法定匯率結匯，乙類進口物資及普通匯出款，須附繳等額外匯之結匯證，始准照法定匯率結匯。上述甲類進出口物資，得按需要隨時改為乙類，另附等額結匯證，俟可全部改為乙類時，結匯證即可廢除，而單一匯率之目標即可達成。

（五）進口結匯附加之防衛捐加以廢除，其所引起財政上之短收，則以稅捐尤其進口稅來補償，因為防衛捐係屬於捐稅之一種，不應附於貨幣價值內。

（六）開放自備外匯，准許其進口在政府所訂物資預算規定數量以內的物資，同時對僑資輸入出售物資之規定，則加以取消。僑資進口各種物資，也須配合政府進口預算，使僑資達到有效運用。

（七）廢止貿易商牌照制度，開放貿易商的登記，使

牌照頂讓之積弊得以消除。

（八）廢止工業原料外匯核配制度，工業原料進口結
匯，全與普通物資進口相同。同時對於出口補
貼及保留外匯等辦法，亦將予以廢止。

馮自由老同志昨日上午九時在極樂殯儀館大殮時，
治喪會推舉吳忠信、張羣、何成濬、馬超俊四人覆蓋黨
旗，張蓬生先生報告馮氏生平事略，公祭後出殯火葬。

4月10日　星期四

惟仁老太太昨日（九）請曾醫量血壓，高 170，
低 65。去年四月八日請曾醫量，高 160，低 70。

4月11日　星期五

外交發表公報，中日會談達成協議，日政府保證尊
重與我國關係，不予匪幫通商機構任何特權，不予匪幫
在日有懸偽旗權利。查匪旗在日飄揚，事實上匪在日舉
行商品展覽時即有此事，何以當時不向日交涉。此次對
日交涉，客觀條件似欠研究，最後只有容忍將就，現在
應注意共匪反應與日本對付共匪對策。

4月12日　星期六

張純鷗（維翰）為我七五壽作詩

雍容雅度夙知兵，開國勳名肇冶城；

帷幄運籌頻定亂，邊疆樹績遠敷誠。

中興在望匡宏濟，晚節彌馨壽老成；

美意延年春正永，嘉辰喜屆百花生。

4月13日　星期日

招待朱、周兩醫午餐

中午十二時在信義路寓所招待朱仰高醫師夫婦、周嘉肇牙醫師夫婦午餐，並請張載宇夫婦、龔理珂父子（維甯）作陪。因近年來我與家人生病，都是請朱醫診治。麗安太太牙齒係請周醫將全部拔去，現時正要做全口假牙。深感朱、周兩醫治術高明，所以招待午餐，以鳴謝意。

4月14日　星期一

一、上午九時到實踐堂參加總理紀念週。

二、上午十一時，胡博士適之（適）由楊亮功兄陪同來和平東路寓所訪問。胡氏現年六十八歲，自去年胃部施用手術後，現時身體從表面看來似已復原。胡談到申叔曾在美與之見面，認為申叔心地忠厚，與李石曾到烏拉圭（南美），當然無結果。我介紹惟仁老太太與胡見面。

三、午後到景美訪問張蒓鷗先生，我的生日他親來拜壽。蒓鷗日前競選監院副院長，在黨員假投票第一場領先，第二場讓李嗣璁。

4月15日　星期二

本日上午注射生化賀爾蒙，係兩個月注射一次，係自四十年冬開始注射者。

4月16日　星期三

一、上午十時參加中央常會第四十四次會議，總裁主
　　席。秘書長報告「中國國民黨從政幹部登記辦法」
　　及「中央從政幹部組織辦法」。本案在四月九日
　　常會第四十二次會已經決議，茲再將文字之整理
　　及辦理程序之研擬，決定于本月間召開評議委員會
　　議。中央委員一律參加，由總裁訓話，說明黨員登
　　記與組織兩個辦法，然後再約集立、監委員，說明
　　登記之意義，所有國民大會代會亦參加登記。

二、行政院俞院長報告向立法院提出出版法之修正
　　案，引起新文界非難之經過。

三、常會通過湯武為駐賴比瑞亞公使。

4月17日　星期四

一、惟仁老太請曾醫量血壓，高 170，低七十。

二、接見香港上海銀行董事利榮森先生，他是來台出
　　席青年商會。

4月18日　星期五

　　【無記載】

4月19日　星期六

美俄軍力之比較

一、從各方面分析，美國實力超越蘇俄。

二、三軍兵員比較，美海空軍多過蘇俄，俄陸軍遠較
　　美為多。

三、海空軍機艦美超過蘇俄，陸軍裝備較俄為優。

四、核子武器美佔優勢，美俄存貯量十比一。

五、洲際飛彈蘇俄佔先，戰略空軍美居優勢。

六、俄在美基地包圍中，美國戰略地位優越。

七、美國世界戰略仍以阻嚇圍堵為主，蘇俄企圖孤立美國。

八、就軍事情勢觀測，世界僵局難變，有下面幾點：

（1）雙方致力于飛彈和核子武器的發展，但互有優劣。

（2）蘇俄雖在長程飛彈佔優勢，但非絕對的，同時在戰略空軍又處劣勢。

（3）美國不會主動攻擊別國，蘇俄亦難以核子武器作珍珠港式偷襲，因此世局僵持殆難改變。美國力量雖強，但在僵持中，要注意俄國政治陰謀，才能立于不敗之地。

4 月 20 日　星期日
修正出版法之紛擾

　　政府因現在黃色刊物過于敗壞社會風氣，向行政院提出修正出版法，即首先遭到國內報界之反對，而新近返國胡適博士亦同情于反對者。聞向來同情政府、現任政治大學教授朗豪威博士（美國人）提出十多點新聞問題，請蔣總統指示。又適值第七屆國際新聞學會正在華盛頓開會，各代表聽到新出版法，極不贊成，加以指責，謂中國並無真政新聞自由。蓋取締黃色刊物方法很多，為何鬧到中外議論紛紛，這都是人謀不臧，庸

人自擾。此案弄到行政院進退維難，但看立法院如何
審議耳。

4月21日　星期一

上午十時到陽明山革命實踐研究院參加總理紀念
週。總裁親臨主持，宣讀反攻心理建設要旨。嗣由總裁
訓示，並說明修正出版法動機與意義，主張貫澈實行。

4月22日　星期二

一、下午三時到邵立法委員健工家中出席皖籍國大代
　　表、立、監委員同鄉聯誼會，商討籌備歡迎胡適
　　之先生事宜。因胡先生最近接受各方歡迎日期都
　　已排定，須在五月四日以後才有時間。
二、下午五時至賈公館（煜如先生）出席小組會。

4月23日　星期三

上午九時卅分陪惟仁老太太到朱仰高醫師量血壓，
高 175，低 80，我血壓高 130，低 70。

4月24日　星期四

復興校經費成問題

上午十時卅分出席復興美術工藝職業學校董事會
議。該校最初推舉我任董事長，我一再堅辭。改推原發
啟人王秉鈞先生任董事長，我勉強擔任一個董事。我很
少出席董事會議，茲讀開會通知，內有經費日感困難，
必須籌措始克繼續辦理，否則即成問題。我因此出席，

聊盡心願。討論結果，雖尚有補救辦法，都是遠水救不近火，目前急需五十萬，恐亦非短時間可以籌出者。查核校既無自己校舍，現在學生僅有三十餘人，皆因未能慎之于始。

廿四日上午十一時卅分，劉侯武先生偕其公子劉世達、女婿林仰來訪。侯武先生與我多年不見面，據云他此次由新嘉坡經香港來台灣，並在香港晤許汝為兄，說汝為生活困難，意在有所幫助。劉公子世達是于右老姪女婿，住在于家。

襄叔搬回景美寓所

襄叔姪女這次大病，住台大醫院三個多月，出院後暫郭家，于廿四日下午搬回自己寓所。這是襄叔自願回去，世祉贊成。我曾向襄叔允三件事：

（1）醫藥等費歸我負責，先後已用去台幣八千元。
（2）另外在城內租屋居住，不回景美。嗣由光叔在永康街租定一所新居，並由我擔任四個月三千二百元房租，因景美寓所係台灣銀行租與世祉居住（世祉是該行職員），租期尚有四個月，待期滿後退租，再由台灣銀行負擔永康街新居租費。新居約定三月十五日定約，因世祉臨時發生變化，只得作罷。
（3）病愈後，替襄叔找一個工作。

以上三件已經做過前兩件，其他一件找工作，要待襄叔身體完全復原，以及工作機會而定。我對兄弟交

代，對子姪之愛護，問心可告無愧。惟襄叔性情太忠
厚，頭腦太簡單，是其最吃虧的。

4月25日　星期五

一、上午十時偕惟仁老太太回看朱太太，並送朱家新
　　媳毛毯一條。
二、下午四時主持紀律委員會第七次會議。

4月26日　星期六

　　前內政部長王德溥先生令慈孫太夫人于四月廿一日
衰老病逝，享壽九十一歲。本日在善導寺開弔，我于上
午十時偕壽賢兄前往敬禮。

4月27日　星期日

　　張載宇兄明日飛美國，上午來辭行。

4月28日　星期一

一、莫院長德惠華誕，我于上午八時半前往慶祝。
二、上午十時到陽明山，參加台省第四屆縣市議員同
　　志講習班第一期結業典禮。
三、襄叔姪女自回家後，病又發作，不得已再入醫院
　　診治，真是萬分不幸，豈命運使然耶。
四、惟仁老太太廿八日請曾醫量血壓，高一百六十，
　　低六十，希望能以穩定。

于世兄望德將出任南美大使

于院長右老大公子望德，昨年由巴拿馬大使調部任用，聘為顧問。于右老託我向俞行政院長進言，擬在國際間與本國有關經濟等機關謀一位置。經我轉懇俞院長，嗣俞氏答復苦無機會云云。其經過情形，已載我昨年九月廿三日及十月廿五日日記中。近日俞院長告我，已與葉外交部長磋商，擬仍派往南美任外交官。當即轉告右老，甚為歡喜。今日（廿九）望德來見，據云葉部長擬派其任波利維亞大使。望德認為波國居南美高峰，似覺未便，想改派其他南美地方。

4 月 29 日　星期二

【無記載】

4 月 30 日　星期三

上午十時參加中央常務會議，總裁主席。聽取關于取締不良出版品及修改出版法問題處理經過（我在四月二十日已有記載），總裁很不滿意，其示要點有：「本案應以不動搖民心士氣，妨害反攻復國為中心。不能以我（總裁）一句話就來做，且事先未報告，這件事是個錯誤。本案無目的，無目標，是黨政聯絡不切實。此事我事先雖不知道，既已提出，我（總裁）當負責。」

5月1日　星期四

一、上午十時出席總統府五月份國父紀念月會，總統
　　親臨主持，外交部葉部長報告訪問越南經過。

二、回拜劉侯武先生、駐土耳其邵大使。

三、民社黨常務委員蔣勻田先生（安徽蚌埠人）擬于明
　　日（二日）飛美國，我于今日午後四時到蔣府送
　　行，並暢談國內外形勢。蔣氏此次赴美，擬作為
　　期一年考察，將著重研究社會諸問題。

5月2日　星期五

　　河南李敬齋先生本日七十大壽，我于上午十時偕壽
賢兄前往慶祝。李氏生平淡泊，著述甚豐，近廿年來專
心研究文學，將中國文字逐一研究，著成一百五十萬言
的鉅著一種，在壽堂展覽。李氏並序詩如下：

中華民國開化早，十萬年前文字生，

傳寫日久舛訛多，魚魯帝虎認不清；

我承許氏總訂正，常用字形漸可通，

人造衛星何足道，乾坤一擲太陽輕。

5月3日　星期六

　　【無記載】

5月4日　星期日

　　胡適之先生在中國文藝協會發表，五四運動是文藝
復興運動，強調應提倡有人味自由文學，有人格自由文
學，勉勵作家把握自由機會，多多創作。

5月5日　星期一

上午九時出席五月份聯合總理紀念週。財政部長嚴家淦報告，其要點有：（1）財政適應施政需要；（2）支持經濟發展；（3）目前首應考慮收支的平衡；（4）先行量入為出，然後量出為入；（5）適當調節信用，避免通貨膨脹；（6）建立直接稅仍為政策的中心。

5月6日　星期二

台灣一般民俗，立夏日除了祭祖拜拜外，有的日吃蝦麵，今天菜市場蝦市獨秀。

5月7日　星期三

上午十時參加第四十九次常務會議。印尼排華愈來愈烈，封閉我機構與報館，採取此項措施，並未說明理由。

5月8日　星期四

記于右任先生八十華誕

一、今日是農曆三月二十日，于先生八十華誕。于先生孩提失怙，雖生計困難，仍能刻苦自勵，力求上進。現雖八十高壽，精神矍鑠，銀髯飄拂，長衫布履，狀至愉快。

二、我國報業歷史與革命歷史的光榮一頁，當推于先生。他首先創辦神洲日報，而民呼報、民吁報、民立報，其中幾經艱危窮困，于先生都能本「貧賤不能移，威武不能屈」大無畏精神克復一切，宣

揚革命。

三、于先生文學詩歌與書法大器磅礴，于民族文化貢
獻獨多，他的一支筆，猶如百萬雄師，掃平滿清
政府。于先生于討袁、護法以及北伐、統一、抗
日諸役，直到目前反共抗俄，于先生不但是無役
不與，而且發揮領導作用。

四、于先生自民國二十年任監察院長迄今垂卅年，有
所糾彈，則本乎與人為善，肅綱紀，不故為嚴
峻，懲貪汙，不避大遺小。

五、我與于先生關係始於辛亥革命，由范鴻仙介紹見
面。及至總理任大總統時，于先生任交通部次
長，我任首都警察總監，時相過從。于先生又請
我任民立報經理，當時該報經費困難，由我多方
設法度過難關，所以于先生贈我七十歲壽詩中有
「民立難支賴主張」之句。民國二十年監察院成
立，我即任第一屆委員。我與于先生訂交首尾已
四十有八年矣，我與于先生既同志，又同事，感情
非乏乏者可比，亦是我最難得獨一無二老友也。我
祝于先生萬壽無疆。

六、于先生壽誕各方自動慶祝，盛況空前，除總統
外，非一般做壽者可以比較的。海內外書畫家、
詩文家無不以最佳作品祝壽，其數甚鉅，分在中
山堂等處展覽，琳瑯滿目，美不勝收。此外自六
日起一連三日舉行祝壽，其節目如晚會、宴會、
酒會不下卅餘起。我因時間關係，只參加五個節
目，有：

（1）我于六日中午設宴為于先生祝賀，約監察院本日（六）就職新副院長李嗣璁、于大公子望德以及紀律委員會全體委員作陪。

（2）五月七日下午四時，由李玉階先生主辦，八十個（民間）社會團體在台北賓館舉行酒會，我準時前往祝賀。

（3）五月七日晚八時，我等于先生親友三百七十人發起，在中山堂舉行晚會。發起人有如許之多，從來少有。于先生到會場，大家鼓掌熱列歡迎。于先生銀髯飄飄，非常愉快。

（4）五月八日即農曆三月二十日為于先生誕辰之日，我於上午九時親往祝賀，並與于先生攝影以留紀念。是日自早至晚賀客不斷，車水馬龍，總統夫婦亦親往祝賀。

（5）總統於八日中午十二時卅分，在中山堂光復廳設宴為于先生祝壽，並約我等中央評議委員、中央委員、五院院長及各部會長官、立法院、監察院七十歲以上委員參加作陪。總統席間致詞，【中缺】先生「革命精神，黨國功勳」，又【中缺】「學必能成，成必能學」等語。

謝各界祝賀生辰　于右任錄音廣播

下面是于院長在接受錄音訪問時所發表的談話：「今天諸位為右任八十生日聯名祝賀，內心除感謝外，實在不敢當。右任服務黨國數十年來，一無建樹，而年事徒增，每念諸位先生和友好平日對我的期望與愛護，

真覺得慚愧。記得古語說：『木以不材而自存』，右任可說真是木中的不材了。」

「杜少陵說：『人生七十古來稀』，陸劍南說：『開歲忽八十，古來應更稀』。這兩位過去的大詩人認為人生能到七十八十，已經是稀奇的事，這完全是他們有感于那個時代的環境而發的，現在世界上醫學這樣昌明，衛生知識又如此普及，國家的政治設施日在求進步，處在這個大自然的文化中，人的生命已自然的在延長，我便是沾了這大自然的賜予，我相信每一個人能享受此時代的賜予，七十八十之年已不是稱讚的了，更不足為稀奇的了，也更是個個人要超過的了。」

「我的老師馬相伯先生八十以後，開始學書作畫，九十之後，研究宗教真理，著書不懈。他那種自強不息和學習奮鬥的精神，更為老而失學的我，鼓起無窮的興會。我自信學問要求，光陰要惜，有學必能成，有成必能學，在人如是，在國亦然，我並願隨諸先生友好之後，盡己所能，以我不足，貢獻國家，在總統蔣公的英明領導之下，大家共策共勵，以期反共抗俄復國建國的工作，早日獲得勝利和成功，敬祝諸位健康，謝謝諸位」。

中央社訊

于右任院長為答謝各方友好祝賀生日的盛意，定於八日晚八時三十分在中國畫廊空中藝文講座發表答謝詞。此項由壽星親自錄音的廣播講詞，將由幼獅電台以一一五○千週及七一八○千週向國內外播送。在同一節目

中，總統府資政賈景德並廣播于右老八十華誕祝壽詞。

5月9日　星期五
安徽同鄉招待胡適（適之）先生

九日午後六時，安徽籍國民大會代表、立法委員、監察委員、大學教授、政府機關高級同仁假中山堂堡壘廳，共同設宴招待胡適博士，共到八十餘人，推我主持。胡博士席間致謝辭，並提反對他的刊物「胡適與國運」之經過，語氣中當然有所不滿。我在宴會結束時發言，記得前幾天胡先生在中國文藝協會演講，說文學創作要有「人性」，要有「人格」。這是對文學而言，若擴而大之，我們一個人立身處世都是要有人性，要有人格。人性、人格是中華民國立國基礎，共產黨是反人性、反人格，我們有人性、有人格，則反共抗俄一定成功的。

5月10日至11日　星期六至日
　　【無記載】

5月12日　星期一
一、惟仁老太太請曾醫量血壓，高一百七十，低七十，但在夏季希望高血壓到一百五十。
二、天氣一夜從炎夏變成深秋，昨天熱得馬路柏油溶化，今天冷得穿起毛衣，寒暑表下跌了二十二度上下。因為冷熱轉變大巨，所以我的身體大感不適。
三、十二日上午十時半出席裕台公司第八屆股東會。

我以常駐監察人發言，大意是四十六年度本公司決算，不但賺錢，而且超過預算賺錢，這都公司同仁努力之收穫。本人在中央紀律委員會工作，該會職權審議黨紀、稽核財務，因此深知中央財務情形，總括一句話就是「困難」。中央黨費每年增加，而財源日漸短絀，唯一希望黨營事業發達，請諸位同志多多研究、多多幫助云云。遂即改選董監事，計當選董事胡家鳳、楊繼增、王鍾、洪陸東、仲肇湘、周友端、賀其燊、徐鼐、刁培然、劉啟光、張寶樹、閔湘帆、張心洽、顧檢德、吳建華十五人為董事。並選前七人胡家鳳、賀其燊等為常務董事，又選胡家鳳為董事長。改選監察人，計當選監察人吳忠信、劉和鼎、白瑜、張清源、幸我、虞克裕、瞿韶華等七人，又選吳忠信為常駐監察人。最後由董事長提洪軌（號範池）為總經理，經董事會一致通過。

5月13日　星期二

【無記載】

5月14日　星期三

上午十時參加中央常務會議，總裁主席。聽取陳建中、卜道明兩同志最近匪情報告。總裁指示，南斯拉夫修正主義，俄國受到重大打擊。美蘇冷戰已到北極圈，是冷戰已到最高峰，就要變成熱戰，時局很緊張，大家留意。

5月15日　星期四

最近國際動盪不安

　　民主戰線受共產滲透，接二連三發生事件。比較重大約有下列數件：

一、印尼革命戰事，目前雖政府軍有利，但有三個革命軍已經聯合，反對雅嘉達政府蘇卡絡總統。惟印尼島嶼太多，以政府軍兵力，一時不能肅清的。

二、法國屬地阿爾及利亞大暴動，成立十一人軍事執政委員會，或公共安全委全委員會。以傘兵部隊馬蘇將軍為首，要求由法國戰時英雄戴高樂將軍出而組織一個政府，擺脫現在法國眾院中十五個黨派影響力，以挽救阿爾及利亞形勢。法國新內閣（傅禮林）採取行動，命令現駐阿爾及利亞總司令薩蘭上將控制阿境局勢，但薩蘭宣佈支持阿境軍人執政團，而戴高樂將軍宣佈如被邀請，決為法國服務。查馬蘇將軍此次背判政府，是由于新總理主張以相當自治權給予阿爾及利亞，但為右翼人士所反對。法國與阿爾及利亞是不可分離的，是法國實際利益問題，但阿、法之間又有民族、宗教等無法解的問題。就法在阿四十萬大軍，如離開法國本土，不能持久作戰，就是戴高樂出來，阿境武力解決，亦難走通。法國人重感情，愛國家，應該好轉，維持光榮歷史。

三、黎巴嫩暴動仍在進行，係共黨煽動反對美國。英、美緊急會商，美國艦隊馳赴黎巴嫩。

四、美國副總統尼克森訪問南美，在委內端拉發生反

黎示威，暴民擊破尼氏汽車玻璃窗。艾森豪總統
在記者招待會上稱，共黨顯有一貫計劃，煽動各
地反美運動。黎京、阿境暴動，內情甚為複雜，
南美不滿情緒由于經濟困難云云。美國如不改變
政策，其危險不堪設想者。

5月16日　星期五

農復會主任委員蔣夢麟先夫人陶曾穀女士于十四日
病逝，十六日午後三時舉行基督教追思禮拜，余偕張壽
賢兄前往簽名致敬。

5月17日　星期六

午後三時偕楊亮公兄回看胡適之先生，談談國際最
近情形。

5月18日　星期日

國防部兵工工程學院院長李潤中擬赴星嘉坡南洋大
學任工商管理系主任，經我向國防部進言，准其辭去工
兵學院院長，業已批准。擬星期二（二十日）起程赴
星，本日上午來辭行，我于下午四時李宅送行。

5月19日　星期一

上午十時半到陽明山參加聯合紀念週，總裁主席並
訓話，大意：
（1）近兩星期國際局勢非常緊張，大戰危機隨時可以
　　　爆發。美國向蘇俄提議在北極設聯合視察處，為

蘇俄拒絕，美國大感失望，大受威脅。其他法國
阿爾及利亞事件、黎巴嫩事件、印尼事件、美副
總統南美訪問受辱事件，都是國際重大問題。

（2）革命實踐研究院訓練失敗，仍然有派系，並強調
大陸失敗原因與恥辱，現在仍未能覺悟。

（3）前約本黨之黨所辦五個民營報紙負責同志談出版
修正法，申明不公佈，但是公佈了。如此目終無
黨，目終無領袖。

此次演說計有一小時卅分，如此義填填膺，慷慨急昂，
從來少見。惟年事已高，如此填急，于身體必定吃虧。
其結果，不外言者諄諄，聽著藐藐。

5 月 20 日　星期二

朱仰高醫師日內將赴德國考察，約在八月中秋前後
返國。今晨特陪惟仁老太太到朱醫室，請朱代為擬定各
種藥品。今日惟仁老太太高血壓 180，低七十，我的血
壓高 130，低七十，很合標準，但惟仁老太太高血壓似
覺較高一點。查老太太去年此日血壓比較今年今日低，
惟口胃去年此時不如今年好。

5 月 21 日　星期三

上午十時參加中央常務會議第五十二次會議，未討
論案件，亦未有正式報告案件。茲將會場自由發言歸納
記之于後。

總裁近日因黨內有許多不愉快事件，雖于本日開會
時間到中央黨部，但未來開會，由陳副總裁主席開會。

副總裁首先談到久未解決修正出版法問題，及本黨立法院委員中有中央評議委員谷正鼎、中央常務委員胡健中（中央日報總經理）、中央設計委員會副主任楊家麟在立法院簽署主張公開審議出版法（但中央贊成另一方面立委主張秘密審議）。又立法委包華國（亞盟秘書長）在立院質詢俞行政院長鴻鈞太無禮貌。副總裁說話態度甚為積極，而張秘書長又轉述總裁指示，大陸救災總會為何以齊世英（已開除黨籍）、雷震（未歸隊黨員，反對本黨）為理事，以及包華國無禮質詢俞院長，谷正綱為何不告誡（正綱中央常委及救災會與亞盟負責人）。因此引起幾位委員不客氣發言：

（一）俞常委鴻鈞說有人從中挑撥離間，說行政院長對于出版法既未簽字，亦不知道，行政院通過案件當然知道，應該負責。又關于監察院彈刻行政院長案，有人從中離間與黃副院長關係，因受人侮辱，不得不說，嚴防離間云云。查俞氏在常會素少發言，這次說話原因固多，是否針對陳副總裁在某次常會中指責俞氏，此次俞氏有所為而發者。

（二）谷常委正綱兩次發言，我們太主觀、太保守，保證包華國、谷正鼎不反黨、不反總裁。公開取消齊世英、雷震救災會名義，要影響政治風潮。要原諒包華國，他不能影響立法院委員，只能對亞盟負責，公私要分開。

（三）胡常委健中發言，應該說就要說，如何努力不負總裁。關于出版法修正，中央並未決定秘密

不秘密，陳等立委提公開審議，本人（胡）應
該簽名的。如認為不對，接受處分，等待此案
告一段落，即辭去常務委員云云。

（四）張常委道藩發言，外邊人說話沒有一定對的，
出版法修正要秘密，黃少谷（行政院副院長）說
是錯誤的。大家是情緒問題，家中子弟對父兄
不滿意，並不是不要家，不要父兄，縱然有，
也是少數。當前應該解決問題，人家說我們黨
分裂，黨員登記聽其來不來，要來好的，不來
壞的。倘登記有不來的，甚至有好的不來，就
是表示我們的黨正式分裂了。總裁不來開會，
登記是件大事，以為登記就好了，沒有這件
事。要改變作風，改革領導，否則我們大大失
敗，我們對不起總裁云云。最後副總裁說話，
修正出版法公開或秘密，黨未指示，有人用共
匪方法挑撥離間，說他打擊經國。關于立法院
審議出版法，由一、四、五組負責與立院疏導
聯絡，大家均應負責。十二時十五分散會。

　此次常會由出版法說到黨員登記，真是庸人自擾。
蓋修正出版法，已經過數月糾紛與國際矚目，現正在立
法院審議中。至黨員登記亦經大小三十多次會議，此一
案件經過這許多次會議，其複雜與重要可以想見，既經
常會通過，正待實施。此兩案可以不必再在常會多說，
惹起無味意見，應該依照程序進行。為何鬧到如此地
步，就是開始未能考慮周詳，充分表現常會無能。這次
會場發言，可以說是派系攤牌，尤其是俞、陳兩位說

有人挑撥離間，甚為重要。本黨如不改革，必定遺誤
黨國。

5月22日　星期四

午後五時出席小組會，談談國內外形勢。

5月23日　星期五

【無記載】

5月24日　星期六

為張澤民、藺華英證婚

張澤民安徽合肥縣人，現年卅四歲，台灣省立法商
學院行政學系畢業，現任司法行政部調查局科長。藺華
英小姐河北省磁縣人，現年二十七歲，台灣省立台北女
子師範學校畢業，現任市立古亭國民學校教員。本日
（廿四）在會賓樓舉行結婚，請我證婚，並由金幼洲兄
任男家主婚人。

5月25日　星期日

一、昨日惟仁老太太請曾量，高血壓180，低60。高
　　血壓太高了，與去年此時相差太遠，要注意。
二、上午九時半偕惟仁老太太到桃園看蔣老太太，他
　　的身體較過去半年好多了。
三、朱仰高醫師本日午後二時四十分飛香港，轉飛德
　　國考查醫學，我親到高宅送行。

5 月 26 日　星期一
【無記載】

5 月 27 日　星期二
　　本日午後惟仁老太太身體很不好，頭發暈，頭出冷汗，當時血壓高 180，低 70。這是心臟關係，在數年前住台中有如此一次，應特別注意。

5 月 28 日　星期三
一、上午十時參加中央常會第五十四次會議。
二、陳光甫兄本日午後一時卅分由東京飛抵台北，我偕張壽賢到機場歡迎。他離開台灣已一年多了，他現在七十八歲，一生所經營上海銀行殘餘事業如何交代，是光甫兄最煩神的一件事。
三、午後四時張秘書長厲生來訪，暢論當前國內外形勢，計談三小時之久。他與我談話如此長的時間，尚屬初次。

5 月 29 日　星期四
為劉鎮球、劉悌君證婚
　　劉鎮球、劉悌君結婚典禮，係本日下午六時在中山堂光復廳舉行，請我證婚，到賀客很多。鎮球安徽懷寧人，年四十歲。悌君小姐係湖南益陽人，年廿七歲。

5 月 30 日　星期五
一、惟仁老太太今日上午精神不振，四支無力、出汗。

午後請曾醫量血壓，高一百七十，低八十。

二、午後三時主持紀律委員會第八會議，通過例案數
　　件，並決定若干委員赴各地視察。

5月31日　星期六

一、上海銀行董事長陳光甫兄日前來台，今午在圓山
　　飯店召開董事會，余親往出席。先由香港副理陳
　　克功兄報告香港行業務情形，繼而決定本行在美
　　凍結各款繼續辦理解凍，須請政府予以幫助。會
　　後即在圓山飯店聚餐。光甫兄現年七十八歲，關
　　于該行將來負責人選頗費躊躇，他尤其感覺老來
　　無子之苦。

二、惟仁老太太日間身體無力、出汗、心跳，本日午
　　後由昆田代請施□醫師來寓所診治。據施醫診斷
　　是心臟病復發及營養不足之故，治以強心，並用
　　維他命及肝精，每三日注射一次。惟老太右手高
　　血壓 186，低 70，左手高血壓 180，低 76。施醫出
　　診費係二百元，對我們特別客氣，第一次一百五十
　　元，以後每次出診一百元。在朱仰高先生赴德考察
　　期間，擬請施先生代替朱先生，為老太太隨時看病
　　之準備。施先生量我血壓高一百十，低六十，但我
　　近年血壓通常在一百卅，其中或恐不確。

6 月 1 日　星期日

惟仁老太太心臟病之由來

一、惟仁老太太素來有心臟病（心跳），民國三年頭曾
　　發暈，不知人事，稍頃回復。又在民國十七年一
　　次發暈較為嚴重，出冷汗，面發白，不知人事。

二、民國四十年中風，約有兩個星期臥床不起，約有
　　一年行動很勉強。從此以後行動不佳，不時心跳。

三、民國四十五年春又中風，較四十年中風輕得多。
　　當時高血壓 270，低 80，以後逐漸下降至 220，再
　　降 180 或 190 不等。這一年口味非常不好。

四、四十六年清明後情形大大轉好，曾有一次高血壓
　　至一五十。

五、每年大約自冬至起到清明止，不但血壓有變化，而
　　且發心臟病，一到清明後就好轉了。

六、本年五月廿七日頭發暈、出次汗，高血壓一百
　　八十，低血壓七十。又五月卅日晨出冷汗，手足無
　　力，精神大為不振，午後五時高 170，低 80。

七、發病時口中流水，近數年兩足時常發腫。

6 月 2 日　星期一

一、王惜寸□□兄明日（農曆四月六日）八十誕辰，我
　　特于本日上午九時半到北投王家慶祝。我于民國
　　二十四年任貴州省主席時，惜寸兄任財政廳長。
　　惜寸係蔣總統表兄。

二、上午十時訪陳光甫兄，他回憶世事，很多感慨，
　　並一同到趙志垚先生家午餐。

三、午後三時皖省國大聯誼會幹事鍾鼎文、章正綏、
　　溫廣彝等來商改選幹事，決定六月十二日約集皖
　　省國大代表會議改選。

四、本日係徐道鄰世兄與葉妙暎女士結婚三週年，午
　　後六時半約我與于佑任先生等晚餐，地點南機場
　　高爾夫球場。三年前今日結婚，于老先生證婚，
　　我主婚。徐、葉家庭圓滿，並生一位活潑小孩。

6月3日　星期二

　　關于法國阿境駐軍叛變，已載五月十五日日記之
中。現在法議會通過由戴高樂出任總理，並授權戴高樂
六個月統制全權與修改憲法權。這是戴高樂在法國歷史
中存亡續之秋負起重大責任，戴氏今後有三個難題：
一、修改憲法；二、阿境戰事，乃最嚴重難題；三、經
濟難題。

6月4日　星期三

　　上午十時參加中央第五十六次會議。

一、討論四十六年上半年行政院施政報告。張常委道藩
　　批評，這都是過去的事，與事無補，奉行故事，這
　　是官僚主義。

二、第一組報告立法院審議出版法最近情形。有主張
　　新聞界與專家學者召開坐談會，這件事很艱難，
　　可否約立院同志談談，可能各同志還是發牢騷。
　　省議會通過臨時決議，支持出版法（言論自由）。
　　出版法鬧到如此地步，真是想不到錯誤，最不好

的地方，議會支持此案。此例一開，影響將來。
此案最後立法院可以通過，但中央損失有：（1）政
府威信；（2）國際地位；（3）人民距離。
三、副總裁報告軍官退役情形，鄧副秘書長報告我國
　　在亞運勝利情形。
十二時卅分散會。

6月5日　星期四

　　本屆總統將于民國四十九年三月廿日前改選，五月
廿日就職，而國民大會代表應于二月十九日集會。根據
憲法，總統只能連任一次，如修改憲法，須有國大代表
三分之二出席，四分之三通過。國大代總數 3,045 人，
如達到修憲人數，是件難事。

6月6日　星期五

　　俗語說「一日千步，不進藥鋪」，又云「腸要空，
心要公」。

6月7日　星期六

　　【無記載】

6月8日　星期日

一、石門水庫建設委員會執行長徐鼐先生請我參觀水
　　庫工程。上午九時半徐氏親來迎我前往，十時半車
　　抵徐氏辦公處所（今日約與同遊者十數位，大都是
　　安徽同鄉），遂即參觀正在建築中的各項工作。

自開工迄今已經二年，再有三年，即可完成，可為
遠東第一水庫工程。其工程總成本一、九六二、四
二二、〇〇〇元，折合美金七九、一四七、〇〇〇
元，包括利息在內。徐氏並請我們午餐，午後三時
送我回抵台北。

二、為謝正非、陳富英證婚

本日午後五時卅分，謝正非、陳富英在新生社介
壽堂舉行結婚典禮，請我證婚。謝正非卅一歲，
安徽壽縣（下塘集），軍校第十九期通信科畢業，
現任陸軍總司令部少校參謀。陳小姐廿一歲，台北
市人，金甌女子職業中學畢業，現在台灣電力公司
服務。父陳炳烺，母陳黃進治，原籍福建廈門。

6月9日　星期一

惟仁老太太請曾醫血壓，高170，低70。最近停止
注射德國針，改用施醫生針劑，近日精神尚好，足腫尚
未退。

6月10日　星期二

與劉侯武先生談話

前兩廣監察使劉侯武先生此次來台為于右老祝壽，
八日晨飛香港轉回星嘉坡寓所。我于七日上午在右老公
館與劉談許汝為先生事。我說話大意，汝為去年春來
信，今年春又來信，都是約我赴香港商國事。我未能應
命，有兩點意見：一、我到香港，沒有辦法幫助汝為；
二、我到香港，必定引起政治謠言。但既不赴港，不便

正式復信表示不去,使汝為不愉,請劉先生將我意轉達
許先生。劉云汝為生活困難,請我向總統進言,予以
按期接濟,我允轉達。侯武先生係右老親戚,許先生
好友。

6 月 11 日　星期三

　　上午十時參加中央第五十八次會議,副總裁主席,
聽取考試院報告「改進人事制度」。

6 月 12 日　星期四

李鴻文先生贈我七十五歲壽詩

調羹卅載仗鹽源,一代夔龍濟世才;
謀國頻承前席問,籌邊能使遠人來。
白衣李密中朝重,綠野裴公廣廈開,
佇看收京歌奏凱,延年共醉菊花盃。

6 月 13 日　星期五

　　【無記載】

6 月 14 日　星期六

為司法院正副院長就職監交

　　新任司法院院長謝冠生、副院長傅秉常正式就職視
事,總統特派我監交。就職典禮于六月十四日上午十時
在司法大廈禮堂舉行,首先由我授印後致詞。其大意
說,正副院長才幹與過去的成就,深慶國家得人,並強
調謝院長法學造詣甚深,品德高尚。傅副院長亦從事立

法工作多年，兩人相得一彰，因此深信這個國家司法機
關，在他們領導之下，必能有更高的成就。

　　謝院長宣佈今後司法工作三大原則，「尊重權責，
注意成效，闡揚法學」。最後傅副院長說他將竭盡所
能，協助謝院長。典禮歷時二十分完成。

　　向例辦理交代，是舊任將印信面交新任，前任司法
院長王寵惠先生逝世後，即由副院長謝冠生代理職務。
現在謝先生繼任院長，他未便將印信自交自接，所以由
監交人授印，尤以監交人乃總統特派者。

6月15日　星期日

一、惟仁老太太請曾醫量血壓，高一百七十，低七十，
　　但近口胃欠佳。

二、胡適之先生擬明日上午（即十六日）飛美國，我昨
　　日偕楊亮功兄前往送行，祝他康健。他說九、十
　　月返國。胡復于今日（十五）特來舍間辭行。胡
　　氏此次返國，因有人作印刷品反對，胡氏很不滿
　　意，認為有政治背景。

6月16日　星期一

　　上午十時出席四十六年度本黨黨務工作會議開幕典
禮，地點陽明山實踐研究院，陳副總裁任主席。出席人
員台灣省市黨部、中央黨部各單位、其他特種黨部、知
識青年黨部、直屬區黨部、鐵路、公路、郵電、產業、
立法、監察、國大等等黨部。

6 月 17 日　星期二

　　匈牙利前總理納奇、民族英雄馬勒特、季模斯、薛拉狄等，均被共黨以所謂「出賣祖國」的罪名處死了，震驚世界，這是俄帝又一次暴行。

6 月 18 日　星期三

一、革命先烈陳英士先生夫人本日（農曆五月初二日）八十壽誕，因病久住台大醫院調養，我于上午九時到病榻前慶祝。

二、上午十時參加中央常務委員會第六十次會議，陳副總裁主席。（1）聽取谷委員正綱報告赴日參加中日合作策進會會議情形；（2）省黨部主任委員任覺伍報告台灣省黨務近況與今後方針；（3）第一、五組報告中國青年反共救國團，擬于本暑期舉辦亞洲青年野營。

三、下午四時出席安徽國民大會代表聯誼會，由我主席。商討會務，並改選本會幹事暨本省出席全國聯誼會幹事。經決定，出席全國聯誼會幹事改選，本會幹事連任。

6 月 19 日　星期四

　　【無記載】

6 月 20 日　星期五

　　錢新之（永銘）先生于昨日下午十一時四十五分病逝。錢浙江人，金融界鉅子。又歐楊駒（惜白）于昨日

下午十一時卅分病逝。歐楊廣東人，曾任廣州市長。新
之、惜白生前與我頗有往來，故于今晨偕張壽賢兄前往
殯儀館弔唁。

6月21日　星期六　端午節

上午九時到北投訪陳光甫先生。今年端午節市面冷
淡多了，尤以來台避難同胞受生活壓迫，已無過節興
趣。年來台灣同胞一般生活較佳，對于端節習慣仍極
濃厚。

6月22日　星期日

一、和平東路寓所原係省府宿舍，我家借用已經十年，
　　迄未修理。現由中央銀行（我是該行常務理事）雇
　　工代為修理，本日開工。
二、午後四時偕李崇年兄到植物園看荷花，現時正在
　　開放。去年亦偕崇年來此觀賞，年復一年，我們
　　公私無進步。

6月23日　星期一

一、張岳軍兄中午一時在圓山飯店招待陳光甫兄午餐，
　　約我作陪，在座並有嚴家幹、徐伯園、張茲闓、
　　俞國華諸君。
二、上午九時參加總理紀念週，司法行政部長谷鳳翔
　　報告從三民主義法治思想，談防止犯罪問題。

6 月 24 日　星期二

一、歐楊惜白市長本日上午十時大殮，余于上午九時
　　前往弔唁。

二、劉文騰、端木鑄秋在青田街五巷二號招待晚餐，
　　計中餐兩席，在座都是同鄉國大代表、立法、監
　　察委員，乃是同鄉聯歡。

6 月 25 日　星期三

　　【無記載】

6 月 26 日　星期四

　　家中修理房屋，未免麻煩。本日午後整理移植樹
木，預備園中修路。

6 月 27 日　星期五

　　下午五時主持紀律委員會第九次會。討論中央黨部
四十五度決算，計用去五千多萬，追加一千多萬，整個
經費大陸工作用去全部四分之一。又討論違紀競選縣市
議長等等。

6 月 28 日　星期六

最近世界冷戰達高峰

一、蘇俄反覆無常，宣佈退出日內瓦核子科學家會議，
　　距其同意開會僅隔一天，要挾美國先行同意核子試
　　驗。俄突改採橫蠻態度，顯係強硬外交前奏，美國
　　聲明對俄態度表失望。

二、黎巴嫩暴動頻仍，黎、敘邊境山谷地雷爆炸，聯合
國一觀察員受傷，的黎波里發生激烈戰事。自聯
合國派出觀察員抵達現場，局勢不但未能改善，
且更變本加厲。共產國家對中東有一整套計劃，
由于民主國家首鼠兩端，中東局勢已很迅速趨于
惡化。

三、英國地中海屬地塞浦路斯島，希、土民族獨立糾
紛，擴日持久。英國無法解決，可能事態擴大。

6月29日　星期日

上午八時半偕彥龍參加邊疆歷史語文學會。

6月30日　星期一

上午十時偕壽賢到陽明山莊，參加中央婦女工作會
第四次工作會議開幕儀式。

7月1日　星期二

一、惟仁老太太上午請曾醫量血壓，高 180，低 70，
　　比去年今日似覺過高。

二、上午十時參加總統府七月份國父紀念月會，新任
　　司法院長謝冠生、副院長傅秉常、台灣省警備總
　　司令黃鎮球、總統府副秘書長黃伯度、警備副總
　　司令李立柏、晏玉琮、朱致一等宣誓典禮合併舉
　　行，總統親臨主持並監誓。

三、昨日下午五時本黨舉行中央常務會議，蔣總裁親
　　自主持。已同意俞鴻鈞同志辭去行政院長職務，
　　並通過以陳誠繼任行政院院長。常會並曾一致決
　　議，對俞鴻鈞同志主持行政院四年來政績卓著，
　　予以慰勉。總統依照憲法咨請立法院同意。

7月2日　星期三

　　本黨總裁為陳誠副總裁繼任行政院長，特於本日下
午五時在中山堂光復廳舉行茶會，招待本黨立法委員。
訓勉各同志支持陳誠繼長行政院，並指出俞院長鴻鈞在
任四年，以「政通人和」完成反攻復國戰備。又道及
陳誠過去主政台灣，由于任勞任怨和傑出人才，才能鞏
固台灣，確保反攻基地。今後目標是反攻大陸，收復失
地。總裁詞畢，立委相繼發言，稱道俞院長四年來政績
和風度，表示欽佩，對陳副總裁過去貢獻與卓越的成
就，表示讚揚。總裁最後表示，本黨革命奮鬥，犧牲流
血，無非為爭取自由與民主。本黨最重要工作，則是反
攻復國，勝利成功之後，才有真正民主與自由。希望政

府此後多多尊重民主自由，而立法院同仁亦多重視反攻
復國之需要（總裁最後態度非常光明，一致鼓掌，一致
贊成）。

7月3日　星期四

【無記載】

7月4日　星期五

立法院以絕大多數票同意陳誠出長行政院。出席立
委四百六十人，獲三百六十四同意票，不同意七十九
票，空白十四票，廢票三張。立法院咨復總統查照。總
統接立法院咨復後，即公佈命令，准行政院長俞鴻鈞辭
職，特任陳誠為行政院長。

7月5日　星期六

【無記載】

7月6日　星期日

上午九時半到北投訪陳光甫兄，暢談三小時之久，
所談都是年老痛苦等等。另有記載，俟整理後再行補
錄。即在陳家午飯。

7月7日　星期一

上午十時偕壽賢兄到陽明山參加本黨夏令講習會
（開幕），總裁親臨主持。所有講習會學員都是大專學
校本黨優秀學生，總裁訓話都是勉勵青年，深感數十年

來本黨幹部未能養成。

7月8日　星期二
　　【無記載】

7月9日　星期三
　　上午十時參加中央常務會議，總裁主席。討論卅五年度中央財務決算，又討論卅七年度中央預算分配，計有七千餘萬元。總裁特別指示宣事宜。又討論以司法院副院長傅秉常兼任公務員懲戒委員會委長。行政院院長已經七月四日總統命令以陳誠繼任，但眾所關切行政院各部會首長人選問題，本日常會尚未提出候選名單。

7月10日　星期四
一、惟仁老太太請曾醫量血壓，高一百七十，低七十，總比去年夏季高。
二、陳紫楓兄本月十四日（即農曆五月廿八日）七十大慶，我于本日上午十時親往新店陳家預祝。除送祝壽詩外，並送壽禮貳百元，聊表心意而已。紫楓兄係吾省壽縣南塘集人，距吾鄉三十里。他是老同志，現任立法委員。
三、陳光甫兄日間回港，本日午後五時到信義路所。託其代匯學費與庸叔。

7月11日　星期五
　　惟仁老太太四支無力、頭痛。據女工說老太太前

夜心跳肉動，很不安靜云云。立即請施醫診治，高血壓
134，低八十，這是從來沒有現象。施云在 134 以上，
170 聲音甚微，至 134 才聽清楚，證明血管較硬。此次發
病有兩個原因：（1）天氣太熱；（2）家中修理房屋，一
連兩個星期尚未完工，不免煩擾其身心。我的血壓高
一百十，低六十五，我的心臟亦很好。施云一切標準。

7月12日　星期六

陳光甫兄本日午後六時乘輪赴港，我偕壽賢兄親到
基隆碼頭送行。光甫在台一個多月感覺圓滿，他時有感
嘆年老無人幫助之苦。我于臨別贈言，凡事「不要急、
不要氣」。他深以為然。

7月13日　星期日

我因俞鴻鈞先生已辭去行政院長，日間即將交接，
我于今晨作禮貌上的訪問。適俞赴教堂作禮拜未遇，稍
頃俞即來回拜，彼此晤談甚歡。余並謝謝他飭中行代余
修屋。

致庸叔兒親筆信

庸兒覽：

知你畢業後即入研究院深造，這是我來台十年最歡
喜、最安慰一件事。中國一切落後，其原因是在人民失
教，所以我對你們讀書非常重視，望你繼續努力，為國
家民族增光榮。茲託陳光甫老伯代匯貳仟元，為兒準備
不時之需用，收到時望逕復陳老伯可也。我雖七十五高

齡，精神仍甚健旺，尚可負家中責任，統希勿念。佇盼
學業日新，身體強健。至划船、架車、游泳、乘馬等等
運動，應有限度，尤應特別當心為要。

父手啟　四十七年七月十三日

7月14日　星期一

一、中央常會通過行政院部會長官

本日（十四）上午十一時參加中央常務委員會第
六十六次會議，總裁親臨主持。討論總裁交議新
行政院部會長官，其名單是據新任行政院長陳誠
同志提請任命王雲五為行政院副院長，王世杰、
薛岳、余井塘、蔡培火、蔣經國等為政務委員，
田烱錦為內政部長，黃少谷為外交部長，余大維
為國防部長，嚴家幹為財政部長，梅貽琦為教育
部長，谷鳳翔為司法部長，楊繼增為經濟部長，
袁守謙為交通部長，李永新為蒙藏委員會委員
長，陳清文為僑務委員會委員長，陳雪屏為行
政院秘書長，陳慶瑜為主計長，沈錡為新聞局局
長。新閣中除王雪五、王世杰、薛岳、蔣經國、
黃少谷、梅貽琦、李永新、陳清文、陳雪屏、陳
慶瑜為新任外，其他部會都是連任。新內閣中除
王雲五、俞大維非國民黨員外，其他都是本黨同
志。總裁將上項名單提請常會表決，一致舉手通
過。總統即于本日午後明令公布。

二、老同志陳紫楓兄本日（十四日即陰曆五月廿八日）

七十大慶，在靜心樂園設禮堂，我于上午親往慶

　　祝。其他已載本月十日日記中。

三、慰問卸任教育部長張其昀、卸任僑務委員會委員
　　長鄭彥棻。聞張氏頗為憤慨，張氏是有名學者，
　　初次出任教育部長，其行政經驗較少，但非常熱
　　心，尤其肯做事，非一般官僚政客可比。

7月15日　星期二

　　總裁派我為行政院新舊院長監交，新聞黏于後。係
七月十六日中央日報，另有我致詞原文在後面一頁。

本報訊

　　新任行政院院長陳誠，已於昨日正式接篆視事，再
度主持行政院政務。新舊任院長交接儀式，於昨日上午
十時在行政院禮堂舉行，蔣總統特派總統府資政吳忠信
監交。行政院各部會處局首長、政務委員、各組組長、
各部次長百餘人參加，總統府正副祕書長張羣、黃伯度
等多人亦在場觀禮，並向陳院長道賀。

　　交接儀式簡單隆重，歷時十四分鐘完成。儀式開
始，首由卸任院長俞鴻鈞親將印信交給監交人吳忠信資
政，然後由吳資政將印信交由新任陳院長接收。印信交
接後，吳資政即席致詞，他首先讚譽俞前院長四年來在
政治上的成就，並預言行政院在陳院長領導下，必能早
日反攻大陸，拯救在水深火熱中的大陸同胞。

　　吳資政說：過去四年，俞前院長以崇法務實為方
針，使國家在政治上有了很大的進步。記得總統說過，
俞院長已經完成了反攻準備的工作，從這一句話，便可

瞭解俞院長的成就和政績了。吳資政接著說：新任陳院長對國家的功勳，昭昭在人耳目。陳院長有膽、有識、有為、有守；能做他人不能做的事，敢作他人不敢作的事。今天的內外環境，正需要一位傑出的大才來負擔國家的重任，相信行政院在陳院長領導下，必能早日反攻大陸，拯救在水深火熱中的大陸同胞。

卸任院長俞鴻鈞致詞，他說：在目前這個時候這個環境，由陳副總統出長行政院，是最適當最理想的人選。以陳院長的勤政愛民，德隆望重，必能將過去已經建立的國家政務規模，更加擴大；已經奠定的基礎更加鞏固。他追憶過去說：在就任行政院長四年當中，時時刻刻都想念到國家民族的困難；想念起度日如年渴望反攻的大陸同胞；想念起望治心切的全體軍民以及一千三百多萬的海外僑胞，無時無刻不在鞭策自己，期無隕越。但個人學識能力有限，且有些地方不善肆應，四年多來，實在覺得事倍功半。幸賴全體軍民夙夜匪懈，行政院各單位同仁與各級公務人員任勞任怨，克難努力，四年多來我們所抱持「從安定中求進步，從進步中求安定」的信念，總算有了相當程度的實現。

新任陳院長最後以嚴正的態度，作簡短的致詞。他說，他的心情沉重，對監交人吳禮卿先生和俞前院長許多過獎的話，感到惶恐。他稱道俞前院長在過去四年一個半月中的成就，認為俞前院長的努力，已奠定基礎，使他有所依循。陳院長繼說明他偶染感冒，致使行政院的改組工作有遲延，並對各方的關切表示感謝。他說，今後他當努力奉行反共抗俄的既定國策，本憲法所賦予

的職權與使命，求其所當為，盡其所能為，並希望政院
同仁發揚親愛精誠的精神，為反共復國的共同目標與整
個國家人民的利益而努力。

我為陳誠、俞鴻鈞兩院長監交致詞原文

俞院長、陳院長、諸位先生：今天（七月十五）是
兩位院長交接典禮，回想民國四十三年六月一日上午八
時，兩位舉行交接，就是陳院長將院務交與俞院長，總
統派本人監交。今天俞院長又將院務交與陳院長，總統
又派本人來監交，本人感覺無上光榮。

俞院長鴻鈞先生是以崇法務實為其施政方針，幾年
來不但做到了這一點，而且使政治上得到很大進步。總
統說：「俞內閣政通人和，已經完成了反攻復國的準
備」，足見俞院長任內的功績。今後鴻鈞先生任擔任中
央銀行總裁，大家都知道俞院長素為財經專家，中央銀
行為銀行之銀行，將來在反攻復國時，其所負使命非常
重要，貢獻一定是非常之大的。

新任院長陳辭修（誠）先生過去對于國家的功勳，
昭昭在人耳目，無須多說。我覺得陳先生的性格方面有
許多擾點，就是有膽、有識、有為、有守，尤其是他能
做人所不能做的事，敢做人所不敢做的事，這是我們傳
統的革命精神。以我們國家現在對內對外的這種環境，
實在需要這樣的傑出人才來擔負行政院責任。至于新任
副院長、各政務委員、各部會首長均係一時英俊，必能
協助陳院長達成一切任務，亦必能在陳院長領導之下早
日反攻大陸，拯救水深火熱的苦難同胞。完了。

陳院長就職附記

一、陳誠以副總統及本黨副總裁資格出任行政院院
　　長，可以說是本黨一張王牌，只能成功，不能失
　　敗。我希望陳氏實行大團結，來解決人所不能解
　　決黨政內容，尤其是經濟問題。

二、十五日上午十時陳氏就職時，正是颱風將臨之
　　際，已有微風陣雨，天氣悶熱。我汗流不止，很
　　疲困。

三、總裁于昨日（十四）中午約我等老同志午餐，並命
　　陳院長報告此次組閣經過。計到于右任、李石曾、
　　閻錫山、吳忠信、何雪竹、鄧家彥、馬超俊、張岳
　　軍、謝冠生、朱家驊、洪蘭友、傅秉常、李嗣聰、
　　張厲生。

7 月 16 日　星期三
中央評議委員第一次會議

　　　　上午十時至十二時，下午五時至七時，總裁招待晚
餐後繼續開會，至夜十時半散會。本日會議統由總裁與
副總裁主席，其開會情形大概如後。

一、宣讀總裁兩個訓辭：（1）革命民主政黨與黨重新登
　　記之意義；（2）本黨是面臨時代一次考驗。

二、張厲生秘書長報告黨務。

三、陳誠兼行政院長報告行政。

四、前外交部長報告外交。

五、評議委員王宗山、谷振鼎、李石曾、馬超俊等先
　　後發言。

　　總而言之，本日除宣佈總裁兩個訓詞外，可以說
毫無收穫。乃是評議委員照例一次會議，敷衍了事而
已矣。

陳誠招待立委四句格言

　　陳院長招待立法委員，發表施政方針中有四句格言
自勉：「苦莫苦于多願，孤莫孤于自是，危莫危于任
疑，敗莫敗于自私。」

7月17日　星期四

中東形勢劍拔弩張

　　自五月十日黎巴冷內部發生判亂以來，時逾兩月，
尚在繼續蔓延之際。伊拉克忽起政變，已經判軍宣佈伊
拉克國王費賽爾、王儲艾布杜伊拉（曾經到過自由中國
訪問）和總理紐里塞均已刺死。

　　俄軍在伊朗與土爾其邊境，揚言舉行大演習。

　　美、英兩國會商後，美海軍陸戰隊在黎巴冷登陸，
又美軍空降土爾其。

　　英國繼美國之後，傘兵旅空降約旦。

　　英首相宣佈，應輕年胡賽音國王之請，英軍協助約
旦抵抗侵略。

　　中共繼蘇俄之後，承認伊拉克判軍政權。

　　約旦兵力二萬五千人，不足敵伊判軍六萬人。如
英、美擬挽回巴格達公約之伊拉克，必須美國拿出真面
目，加緊增援約旦、土耳其和伊朗，甚至動員核子武
器、戰略空軍，使蘇俄與埃及的納瑟，無所施其虛聲

恫嚇技倆。

7月18日　星期五

　　惟仁老太太請曾醫量血壓，高 145，低六十。這是本年入夏以來最平穩之現象，且口胃尚好，惟兩腳仍稍浮腫。其血壓于去年此時相比不相上下。

7月19日至21日　星期六至一

　　【無記載】

7月22日　星期二

　　下午五日小組會議，由余任主席，地點交通部招待所。首先請何敬之同志報告最近赴美國參加道德重整經過情形後，再由傅秉常、張岳軍、王雪艇諸同志報告最近中東局勢。紀律委員會委員林彬先生患腦炎症，余偕壽賢兄到台大醫院慰問，病情甚為嚴重，已入昏迷。

7月23日　星期三

　　上午十時參加中央常務委員會第六十八次會議，總裁主席。討論高棉承認中共政權，我駐在該國領事、僑民及中國銀行處理各方案。高棉與共匪建立邦交，將來泰國、越南、馬來亞等國必共匪滲透與威脅。

7月24日　星期四

林佛性先生（彬）病逝

　　本黨中央紀律委員會委員、國民大會代表、總統府

國策顧問、台灣大學教授、前司法行政部部長林彬（佛
性）先生，患泌尿病轉腦膜炎，于本日（廿四）上午七
時廿分病逝台大醫院，隨時移靈極樂殯儀館。我于上午
十時前往弔唁，並由林氏生前友好七十餘人組織治喪委
員會。午後五時在台灣大學舉行會議，推我為治喪會主
任委員，謝冠生（司法院長）、錢思亮（台大校長）、
洪蘭友（國大秘長）、朱懷冰（設計會秘書）四人為副
主任委員，張壽賢總幹事。決議于七月廿七日下午二時
大殮、公祭，六時移靈暫厝，擇期安葬。我與林先生在
紀律委員會同事數年，深知林先生品學兼優、辦事熱
心，尤其認真。在生病之前，曾代表紀律委員會赴南部
視察黨務，回台北次日即生病，盡至與世長別，殊深痛
悼。林氏浙江樂清人，享年六十九歲，有子五人、女二
人。林氏早年畢業于北京大學法律學系，曾歷任法院各
級推事、立法委員，對司法制度貢獻良多。並從事于教
育工作甚久，曾先後在北京、中央、朝陽、台灣各大學
擔任教授，著作亦很多。

7月25日　星期五
一、午後四時主持紀律委員會第十次會。
二、午後出席中國銀行第十九次常務董事會議。

7月26日　星期六
一、惟老太太請曾血壓，高 170，低六十五。
二、訪張曉峰先生，他云對于交代教育部時，移交美金
　　兩萬元、台幣拾萬元，外面謠傳他在教部任內虧

空，完全不確。總裁要他任考試院副院長，已經
堅辭，今後將接任陳副總裁所兼任陽明山革命實
踐研究院主任，從事黨務，並擬八月一日接任。
與曉峰先生談到伊請陳光甫先生幫助經費，編印
地圖事。光甫先生有兩個條件：一、不做官，從
事文化事業（這是曉峰自己見解）；二、光甫意幫
助印圖經費，要請總裁勿誤會。曉峰一再說明，
不做官，從事黨務與文化事業，幫助印圖經費，
總裁不誤會。我允函告光甫先生，予以幫助所需
台幣拾六萬元。曉峰先生是文人學者，從事黨務
與文化，我非常贊成的。

7 月 27 日　星期日

林佛性（彬）先生逝世已詳載廿四日日記中。本日
午後一時卅分大殮後舉行公祭，由余主祭。前往致祭者
有陳副總統等一千五百餘人，素車白馬，備極哀榮。其
靈柩暫停于極樂儀館，另行擇期安葬。

7 月 28 日　星期一

關于張曉峰（其昀）先生請陳光甫先生幫助編印地
圖經費事，陳回香港時，託我與張接洽。茲將接洽情形
請沈維經兄函告光甫先生，其原函如後。

禮老見告，與張君談話如下：

一、張決定不從政，祇為黨效勞。

二、地圖仍須編印，允予幫助之款，渠甚感激。該款在
　　八月十五左右需用。

三、渠不從政及印地圖二事，均為當局所知，不會引起
　　當局之誤會。

四、鈞座不願居名，將來可作為某某基金或某企業家
　　捐助。

　　以上均為張君答復禮老，囑為轉陳者。

　　禮老又云，幫助文化事業是一美事。

晚經謹啟　七月廿八日

7月29日　星期二

　　昨日午後，中央常會已經通過張其昀先生為革命實
踐研究院主任。茲由沈維經再致光甫先生一函，原文
如下。

　　昨上蕪函，想已清及。頃禮老見告，張君已決定就
革命實踐研究院主任。該院係黨部研究學術之最高學
府，並仍照舊從事史地文化事業。允予補助之印地圖款
項，禮老意擬請予以惠助，使張君之志得以實現，囑為
轉呈。

七月廿九日

7月30日　星期三

　　上午十時參加中央第七十次常務會議，蔣總裁主
席，聽取外交部沈次長報告目前國際形勢。

7月31日　星期四

　　【無記載】

8月1日　星期五
為陳誠、張其昀兩主任監交

　　本黨陳誠副總裁兼任革命實踐研究院主任，現因陳出任行政院長，辭去主任，中央以張其昀同志繼任。本日上午八時在該院介壽堂舉行交接儀式，中央派我前往監交。其儀式準時舉行，首先由我致詞，再由新舊主任致詞。我致辭大意如下：

　　陳副總裁因出任行政院長，無暇兼任本院主任，中央特請一位文人學者張曉峰（其昀）同志繼任本任主任。

　　革命實踐研究院是本黨最高學府，亦本黨唯一儲備人才的機構。目前國際局勢相當緊張，我們要把握有利的機會，隨時反攻大陸。希望諸位同志遵照總裁訓示，積極推動。

　　本院設在陽明山，使我們聯想到王陽明先生。陽明學說範圍甚廣，其中如即知即行，知行合一，意義甚深，非常重要。換句話說，就是要力行，正與總裁的實踐意義相吻合。我們今後要力行、要實踐，以求完成革命的任務。

8月2日　星期六
一、前行政院長俞鴻鈞因患小腸疝氣症，入台大醫院施手術，余于上午十時偕壽賢兄前往慰問。據該院高院長云，經過情形甚好。
二、蔡培火先生日前七十大慶，我與壽賢兄于本日上午至蔡府補祝，並送祝壽詩一首。適蔡先生外出，

伊夫人親出招待，午後伊夫婦來回拜。蔡先生久任
行政院政務委員，係台灣同胞中有名望者。

三、拜訪前外交部長葉公超先生，他在外交界服務很
久，很多貢獻，聞將出任駐美國大使。葉氏多才多
藝，為當前有數之外交家。

四、接見內政部警政司長李謇（號慎齋，河北人）。李
氏特來詢問，日前信義路寓所因颱風後修圍牆，與
警察發生糾紛事。余告以很小的事，不必追究。

8月3日 星期日

顧墨三兄來訪。據云他的舊部黃克烈所辦的興洋漁
業公司，擬造遠洋新輪，擬請裕台公司投資七十萬。告
以該公司前辦漁業損失八十萬元，目前亦無餘力投資。

8月4日 星期一

本黨中央委員會于四日上午九時在中山堂舉行八月
份聯合總理紀念週，計到同志二千餘人，由我主席。
由中央常務委員陶希聖報告，題為「我們已在戰爭中
間」。其報告全文甚長，很有內容。茲將該報告原則性
的開頭一段新聞黏于後。

現代戰爭可分為四種：一為大戰或總體戰；二為小
戰，或局部戰爭，或有限戰爭；三為冷戰，包括政治心
理戰與經濟貿易戰在內；四為滲透和顛覆。這次中東，
從黎巴嫩的內亂，伊拉克政變，到美英進兵，與蘇俄迫
使西方諸國舉行高階層會議，這一連串的事件，顯示了

這四種戰爭的徵兆和現象，同時並發。如果要問中東問題是否引起戰爭，我們的答覆應該是今日中東與遠東，已經是在第三次大戰的中間。這四種戰爭混合交互的進程就是第三次大戰。我們還等待什麼第三次大戰。

8月5日　星期二

一、惟仁老太太午後頭發暈、心跳，立即請施醫生診治，高血壓 190，低 78。這是入夏以來最高的一次，其他體溫三十六度八，脈息六十四跳。總之血壓與心臟不能正常，非常可慮。

二、偕壽賢訪本會副主任洪蘭友兄，他久患氣喘，肺又不強，久之影響心臟，因此身體非常衰弱。其人既聰敏而熱心。

8月6日　星期三

上午十時參加中央常務委員會第七十二次會議，研究當前國形勢。

8月7日　星期四

【無記載】

8月8日　星期五

立法院黃副院長國書岳母病故，本日上午大殮，我偕壽賢兄前往弔唁。

與庸叔往來函

甲、摘庸叔兒來函大意

　　捧讀慈諭，感慨萬端。抵美二載，雖有一張文憑，乃很鉅學費換來，實難值其所得。大人深知兒天資雖高，無毅力為佐，聰明何用。今復賜予學費，令兒深感責任之重大。兄弟三人無一能事生產者，兒雖畢業，然畢業者學問之開始也，今後務期努力以報厚望焉。

　　兒向以抽象虛無為人生唯一之態度，老莊佛學，即在異邦，仍抽暇研討。今習數學，實欲以精確應世之道配合我國人生哲學。兒深覺科學為體，黃老為用，將立個人于不敗之地矣。個人主義者，儒家格致修齊治平之大道也，兒無平天下之雄才大略，僅求能全修身齊家之小我。人皆自私，殊之知，若不為己，社會何以為安。今日美國個人主義發達，乃國家強盛之唯一真理，然人猶不敢承認自私，何天下偽君子之多也。

　　大人老而耄矣，雖云老當益壯，但氣血既衰，功名利祿均為身外之物。大人一生艱難辛苦，奔走國事，所得者何。黃鐘毀棄，自古皆然，今後請求自身之明達，保重健康，使兒等有以為報，為今後奮鬥之目標，以求待養于晚年。兒雖不敏，當以此自勉也。

　　　　　　　　　　　　　　　　兒庸叔　七月十九日

乙、復庸叔兒函

　　七月二十二日收到十九日來書，因事冗未即作復。

一、兒中文雖已入門，如有空閒時間，須多看本國各種書籍，必能將中西文化貫通，則裨益人群，其功大矣。

二、來書所謂「僅能全修身齊家之小我」，蓋能成為
　　小我，亦必能成為大我，所謂推己及人，意義甚
　　深。我國古學者羊子唱為我之說，墨子唱兼愛之
　　說，其結晶二而一也，即現在所說人人為我，我
　　為人人，否則毛病大矣。

三、來書又謂「科學為體，黃老為用」，此點關係科學
　　及哲學問題，我不敢贊同，亦不敢否認，尚須加
　　以研究。在滿清時代，兩湖總督而兼名學者張之
　　洞先生主張「中學為體，西學為用」，一時風靡全
　　國。但至民國時期，卻為學人所批評指責。乃時
　　至現在，復有人以這兩句話是對的。雖口頭上說
　　法改變，但骨子裡還是一樣，因各人以時間、空
　　間、環境及學術觀點不同之故也。

四、父仍是天明即起，九時上班，晚十時就寢，身心尚
　　能保持健康。惟時間過得太快，今日又是立秋。

父親手啟　四十七年八月八日晚九時半

8月9日　星期六

　　共匪近日在金門、馬祖對岸積極增兵佈防，並調米
格十七型飛機進駐澄海、連城、龍溪、路橋等機場，擬
奪海峽之制空權。因此海峽形勢忽然緊張，我軍已下令
嚴密戒備。

8月10日　星期日

美國核子潛艇航行北極

　　美核子潛艇「鸚鵡螺」號在北極冰帽下潛航首次成

功，兩洋戰略調動航程縮短一半。鸚鵡螺號遍三大洋，全程八千哩，可完成廿日不停靠潛行。

美國海軍部公佈「北極海底被一條高山所隔，冰帽平均厚 12 呎，冰脊厚 50 呎」。

英國認為「是優異戰略成功」，可以自北極海底對俄發動攻勢。

英人反應北極海底航行，在技術上言，可媲美蘇俄人造衛星。但就人類的勇敢冒險言，則更比蘇俄人造衛星偉大。

象徵美國在對抗蘇俄于長程飛彈方面領先一大進步，是美對蘇俄人造衛星答復，證明美國能夠將射程一千五百哩較短飛彈帶到蘇俄後門。整個蘇俄在北極區看來形如一把張開大扇子，能在北極冰帽下潛近，在蘇聯無冰水下發射飛彈，然後迅速躲回冰下隱藏。

潛艇發射飛彈，比陸地發射飛彈還有一大優點，前者發射基地可以迅速逃逸，後者則必須自一固定基地發射。

8月11日　星期一

一、惟仁老太太請曾醫量壓，高 180，低 65。

二、上午十時到陽明山實踐研究院參加總理紀念週，總裁親臨主持，並訓話。過去一星期海峽軍事緊張，現雖將成過去，仍須準備隨時作戰。對于幹部登記很重要，要研究應該或不應該登記。至十一時散會。

8 月 12 日　星期二

美國宣佈不承認共匪

　　美國發表致全球美國使館備忘錄，美國為中美及自由世界利益，美國決不承認共匪，說明匪俄正在長期從事完成赤化全球陰謀，美國遠東政策是在遏止共產侵略。該備忘錄又說中華民國屹立台灣，乃是阻匪重要力量，共匪並不代表人民真正意願，大陸人民已產生不安與反抗。該備忘錄長達八頁，約四千一百八十字，為美國政府所發表最長、最綜合性，及最嚴謹的聲明。

　　現在聯大正在開會辯論中東問題之際，共產集團及若干中立國家，甚至包括英國在內，已在逐步運動，圖以共匪取代中華民在聯合國席次。美國此種表示，乃是對此項運動相對行動。

　　總之國際是利害的，是現實的，隨時可以發生變化的，毫無道義公理的。我們困守台灣已十年矣，不能主動，不能離開美援，不得不一切為美國馬首是瞻，我們要覺悟、要自立、要自強。

8 月 13 日至 14 日　星期三至四

　　【無記載】

8 月 15 日　星期五

馬祖空戰擊落匪機

　　自敵人增兵沿海，空軍向我挑戰，海峽形勢緊張。日前敵在海峽上空擊落我巡邏機二架，昨日（十四）我空在馬祖附近上空擊落敵人俄製米格十七式戰鬥機三

架。立此殊勛，係空軍少校李忠立等七人，創立擊落俄
製米格機紀錄。

有人以為現在共匪飛機活動，亦僅止於偵察而已，
並未投下炸彈，沒有什麼要緊，這是太天真看法。我們
對于敵人的企圖，寧可高估，不可低估。我們須知敵人
驚天動地幹法，遲早是會到來的，我們決不可稍存苟安
僥倖心理。

又一海軍戰報，十四日下午四時，我艦在平潭以東
十浬海面與匪砲艇發生遭遇戰，同時匪海岸砲亦向我艦
射擊。我艦獲輝煌戰果，計連續擊沉匪艇三艘，另兩艘
匪艇受傷後向大陸回竄。

8月16日　星期六
【無記載】

8月17日　星期日
申叔真將回國嗎？
法國大使館代辦陳雄飛先生來電：

> 專函敬悉。申叔食宿無定，瀕于絕境。近請教育部
> 援助留學生返國旅費四百美元，因體力不勝，巴黎台北
> 飛機約七百美元。可否將差額電匯本館負責代購機票，
> 免其再蹈前失。如何，乞電示。

陳雄飛

比即復電：

外交部請轉巴黎陳代辦雄飛：

> 電敬悉，飛機票差額三百美元即照辦，請命其逕飛

台灣。

吳忠信　巧

請教育部發四百美元旅費，我事先不知道。申叔作風一再使我難過與失望。

8 月 18 日　星期一

總裁訓勉馬祖一役空海戰鬥英雄

上午十時出席實踐研究院總理紀念週，總裁親臨主持。總裁于紀念後，介紹十四日在馬祖附近作戰勝利（已見十五日日記中）海空戰鬥英雄，和在場一千二百位高級人員見面，計空軍李忠立少校等七位英雄、海軍鄭傑少校等四位英雄，全場響起熱烈掌聲。總裁對于此次驚人戰績表示欣慰，並說這個戰績，不但已贏得國際上之敬重，而且增加空軍與海軍光榮歷史。這個戰績是由空軍、海軍配合，才能有這樣輝煌戰果。

弔老同志張星舫先生

張星舫（烱）湖南常德人，現任總統府國策顧問，于八月十五日無疾而終，享壽八十歲。今晨（十八日）大殮，余偕張壽賢前往致祭。茲將中央社對于張氏一段評論錄于後。

生當擾攘之世，言行無不從容中道，識者皆崇敬之。來台後時以茹苦含辛匡復大陸勉同志，其生活簡樸，數十年如一日，雖耄年猶布衣疏食，自任浣炊。稍有節餘，即匯寄港澳周濟流亡故舊，高風亮節，感人至深。上月先生八十大慶，故舊議為祝蝦，先生力辭，並

下鄉避壽，未接受任何表示，歸後連日冒暑踵謝。逝世之日，先生尚早起靜坐，習太極拳，入廁所，忽而疾終，享壽八十歲，時上午六時卅分。

8月19日　星期二
【無記載】

8月20日　星期三
一、上午十時參加中央第七十五次常務會議，通過前外交部長葉公超為駐美大使，現任大使董顯光辭職照准。
二、下午五時出席裕台公司董事會。

8月21日　星期四
惟仁老太太昨夜十一時忽發舊疾，頭發暈、口嘔吐、出冷汗、小便頻數、手足皆冷。經三小時之久，稍稍平靜。當時情形相當危險，侍候老太太兩位女工要打電話給我，老太太堅持不可。今晨余聞及此事，立即請朱仰高先生診治，高血壓205，低血壓80，這是入夏以來最高一次血壓。朱仍用已往所用德國針劑（因朱三個月前赴德國考察，日前回國。在朱赴德期間，請施醫臨時替診，所用藥品一反朱醫，病人很不習慣）。老太太從少年時即患此病，很少發作，在七年前，家住台中，某夜發過一次。當時家中照料人多，老太太還記得庸叔當時守候時間很久，至今不忘。以現在情形看來，庸叔確是熱心的人。

8 月 22 日　星期五

一、惟仁老太太請曾醫量血壓，高一百七十，低六
　　十五，這是改用朱醫藥方之功效。

二、午後五時出席小組會議，據王雪艇先生分析，共
　　匪有攻金、馬可能。

8 月 23 日　星期六

　　【無記載】

8 月 24 日　星期日

一、連日匪方飛機不時侵入馬祖上空，警報頻傳。昨
　　日（廿三）下午六時至八時卅分，匪砲瘋狂轟擊金
　　門，兩小時內逾四萬餘發，我方傷亡二百餘人，
　　毀屋六十五棟。同時敵機多架亦侵入金門上空偵
　　察，均經我英勇砲兵及高砲還擊，足以證明匪對
　　我有計劃挑釁行為，就是進犯開始。美國國務卿
　　杜納斯認為遠東形勢惡化，警告匪方勿犯金馬，
　　如妄圖嘗試，以為「有限度戰爭」範圍的話，那將
　　是「冒極大危險」。

二、今日上午偕和純到新店看襄叔，適伊搬家，當囑
　　其為老太太預留一間，為市區疏散之用。

三、趙炎午、陳成、林競、李子寬設午餐，為新近訪
　　問越南、高棉、泰國歸來演培法師，約我與于右
　　老、謝冠生、梁寒操、馬壽華等作陪。

8月25日　星期一

【無記載】

8月26日　星期二

金門近日戰況

一、自上星期六（廿三），敵人砲轟金門，使金門、馬
　　祖前線非常緊張。廿四、廿五、廿六，三日不但有
　　砲戰，而且有海空戰。

二、廿三日下午六時卅分，匪各陣地大砲出其不意向
　　金門射擊，尤以敵人圍頭四年未用砲兵陣地，首
　　先向我猛烈砲轟，因此我軍頗有傷亡。現在已知
　　姓名高級將領，計有趙家驤、吉星文（吉是有名七
　　月七日蘆溝橋事變，首先發動抗日戰爭英雄）、
　　張傑三位金門副司令陣亡，及某參謀長負傷，國
　　防部俞部長適在金門，聞亦受輕傷。這都是受圍
　　頭敵砲所擊者。

三、廿四日下午九時，我登陸艇兩艘于返台途中，經
　　過東碇海面，遭受匪魚雷快艇八艘之襲擊。我獲
　　航艦隊當即與匪艦發生激戰，數分鐘後，我登陸
　　艇台生號中雷，于金門東南沉沒，該艇二千三百
　　廿七噸。是役匪魚雷快艇被我擊沉兩艘，另一艘
　　重傷，其餘五艘負傷逃逸。

四、八月廿五日下午六時，我巡邏機八架在金門上空
　　與匪米格機相遇，當即展開激戰，我機當即擊落
　　匪米格十七型機兩架，我機全部安返基地。

五、八月廿六日，匪對金門砲戰已是第四天，匪盲目

射金門達五千餘發。

8 月 27 日　星期三

美總統對金馬之態度

美國總統艾森豪在記者會表示，支持國務卿杜納斯對匪警告，不得妄圖攻佔金門、馬祖。金、馬兩群島對台防衛較前重要，在中國防衛體系中有密切關係，強調美國決不背棄對華責任。

金門砲戰已五日，美國態度若明若暗。就後方運輸而言，我們比較吃力，若常此下去，實增加我方困難。

我們為中美防衛條約所限，不能單獨反攻大陸，而金、馬又未包括在防衛條約之內。

廿七日，匪整日瘋狂發砲達萬餘發。

我金門砲兵發揮威力，摧毀匪砲兵陣地多處。

8 月 28 日　星期四

【無記載】

8 月 29 日　星期五

一、匪砲又瘋狂射擊一萬餘發，其中七千餘發猛射大擔、二擔兩陣地。

二、中午十二時半，財政部兩位次長周宏濤、謝耿民招待于右老午餐，約我與賈景老、俞井塘、蔡屏藩、楊亮功等作陪。

三、下午四時主持紀律委員會第十一次會議，並招待各委員及本會同仁聚餐。

8月30日　星期六

一、惟仁老太太請曾醫量血壓，高 165，低 70。

二、美國在本星期內三次向匪嚴正聲明，勿圖染指外
　　圍島嶼。匪瘋狂叫囂進攻金門，解放台灣。美國
　　斥匪侵略黷武主義，美國現正從地中海及太平洋
　　各方面調集強大海空兩軍，加強第七艦隊巡邏台
　　灣海峽。

三、林彬（佛性）先生本日安葬六張犁公墓，余主持移
　　靈祭禮，並親送至墓地。

8月31日　星期日

　　七日來，匪砲擊金門十二萬餘發，大坦、二坦兩陣
地落彈雖多，工事無大損失。

9月1日　星期一

　　美國陸軍部長布魯克來台訪問，商談中美合作。強調中美休戚相關，併肩抗共，對于此間局勢，予以密切注意。布氏一再警告共匪，勿破壞海峽和平，促匪切莫低估美國警告力量。俄報公然向美恫嚇，謂美對匪威脅，等于對俄威俄威脅，並叫囂支持匪幫蠢動。

9月2日　星期二

一、上午十時出席總統府九月份國父紀念月會，蔣總統親臨主持。首先舉行新任駐美大使葉公超及其他高級文武官員等十二人宣誓典禮後，再由總統府臨時行政委員會主任委員王雲五報告該會工作情形。

二、同鄉許世英靜仁老先生今日八秩晉六華誕（農曆七月十九日），仍照去年例，由我與張羣、于右任、莫德惠、張昭芹（號魯恂，八十五歲）、賈景德等六人，于本日下午五時卅分至七時在貴陽路靜心樂園特設茶會，招待親朋，舉行慶祝。

9月3日　星期三

美國將支援金馬，我海軍又告捷

一、以最近形勢觀察，匪如登陸金馬，美將支援。其原因固多，而最近共匪叫叫囂「登陸金馬，解放台灣」，使美國認為攻金馬就是攻台澎。因美國對于台澎區具有條約上的義務，所以要對金馬協防。

二、昨日（二）清晨零時卅五分，我海軍軍艦四艘在金

門料羅灣外海面，與匪魚雷快艇十二艘發生歷時
卅分鐘一場海戰，匪艇為我海軍擊沉十一艘。

金門三面在匪砲擊線內，更想封鎖我海上補給線。

9月4日　星期四

美俄對台灣海峽的態度

一、昨日（三）美國協防台灣司令史慕德對記者表示，
　　共匪絕對拿不下金門，亦無法封鎖金門交通線，
　　保證金門國軍繼續獲得接濟。並透露美援正在途
　　中，又說中美兩國定將協力擊敗匪犯金門。

二、合眾社三日華盛頓詢，美國政府至少考慮對台灣
　　海峽採取五種軍事行動，從伴送中國船艦，直到
　　投擲原子彈。

三、美聯社三日倫敦，蘇俄今日（三）警告美國稱，該

國將在中共圖謀台灣或外圍島嶼的任何戰鬥中，
與中共站在一起。

四、敵我均居被動地位，敵人與蘇俄有條約關係，我
與美國亦有協防條約關係。現在美、俄均不願發
動第三次大戰，尤其恐怕核子戰爭。

9月5日　星期五

昨日（四）為山西賈景德煜如老先生七十晉九華
誕，至好親朋發啟于中午十二時在悅賓樓聚餐，余親往
慶祝，到二百餘人。

9月6日　星期六

美俄對海峽進一步之表示

一、美國聲明台灣安全如受威脅，美決協防金馬外
島。美總統授權國務卿杜納斯發表八項聲明，其
中有台灣與金門和馬祖諸島，自從第二次大戰結
束以來，一直為中華民國所統治。總統已經國會
授權，得以使用美國武裝部隊保衛如金門與馬祖
等有關據點。中共一再宣稱這次軍事行動目的，
在以武力奪取台灣以及金門與馬祖，美國已作軍
事上之部署，俾總統一旦有所決定，即可隨時採
取適時而有效行動。美國尚未放棄其所持北平將
不會違抗人類謀求和平的意志，而驟然止步的希
望云云。

二、蘇俄方面一致叫囂對美恫嚇，大意是如果美國協
防金門及其他中國沿海島嶼，蘇俄即將予中共「一

切援助，正像與自己命運有關」。如果美國攻擊
中共大陸沿岸，則共黨將在遠東整個地區到處採
取報復攻擊。

三、共匪擴大領海界線為十二哩，美、英均不承認，斥
匪圖達到侵略目的。

我們海上補給線受威脅

前往金門海程最危險者為最後數里，因為那時船隻
將進入共匪砲火射程，且更暴露于共黨的魚雷艇攻擊之
下。這是我們最感困難、最難解決問題，目下希望美國
第七艦隊幫同護航。

9月7日　星期日
金門砲戰中政治談判之空氣

一、美國聲明第八點中，已顯露其妥協之意。

二、偽國務總理周恩來拒絕杜納斯警告，要求與美國
恢復日內瓦談判。美國認為係匪圖和緩台灣海峽
緊張局勢。

三、英國外務部發言人說，英國關于金門、馬祖等沿
海島嶼立場，依舊「未變」。按一九五五年正月，
英國首相艾登曾經表明立場，英國認為金、馬是
中國大陸一部，但不可用武力改變現狀。該發言
人認為遠東情勢嚴重。

四、蘇俄真理報詢，莫斯科與北平認為美國就台灣與
外圍島嶼支持中華民國一節，就等于侵略「結
果」。克里姆林宮最近警告，可使外圍島嶼戰

事，不致有任何程度擴大。

　　按美、蘇兩國都不願因金、馬從事一場全面性核子戰爭，而英國向來高唱金、馬屬于大陸。我們不能單獨進攻大陸，因受中美協議之所限，在目前戰鼓高揚之下，可能引出幕後妥協談判。吃虧受害就是我們自由中國，我們必須刻刻警覺。

9 月 8 日　星期一

一、美艦協同我國船團護航補給金門成功，第七艦隊將持續執行護航任務，並奉命如遭匪攻擊，即予全力還擊，馬祖補給亦將同樣護送。護航就是協防金馬第一步。

二、美國接受與匪恢復談判，白宮聲明決不損害我權益。共匪侵略故技是邊打邊談，亦就是軍事與政治相互進行，所謂談判者政治侵略也。美國要特別注意，勿太天真。

三、中美海軍兩棲作戰大演習，出動艦艇逾九十艘，定于今日（八）在高雄以南之枋寮舉行。

四、惟仁老太太今日（八）請曾醫量血壓，高一百六十，低六十，這是近日最穩妥現象。

9 月 9 日　星期二

海峽昨日的戰況

一、我空軍再顯虎威。昨日（八）上午十一時，我空軍掩護船團運輸補給品前往金門，被共匪米格十七型機十二架攻擊，遂在澄海以東廿浬上空海面發

生激戰。我機先後擊落匪機七架，另傷兩架，幾
全軍覆沒。

二、匪砲昨日午後一時卅分起，至九日零時二十分
止，又猛轟金門達五萬三千三百十四發，今晨砲
戰仍在繼續進行中。匪砲此次轟擊，是以金門城
與附近各村莊為主要對象，故民房被毀甚多，民
眾傷亡亦甚慘重，我一登陸艇中彈爆炸。

三、美國不理共匪叫囂，只要有必要，美國繼續護航。

四、美國空軍副參謀長李梅上將昨日正在參觀中國空
軍基地，適值擊落匪機空軍健兒奏凱歸來，曾對
十四位英雄一一握手，並對他們的豐碩戰果頻加
讚賞。

9月10日　星期三

上午十時參加中央常務會議，由外交部長報告最近
外交情形後，各委員紛紛發言。黃外長少谷首先說的大
要有，美國畏戰、避戰、備戰、應戰，美國協防台澎，
穩定金馬，仍要我們自己努力。美國政治、軍事同時併
進，想用政治方法避免戰爭。美駐華大使向黃說，美國
有困難，就是國內與國際輿論，因此所須與共匪談判，
可以避免大國會議。最要注意是政治前進，軍事後退。
匪想入聯合國。核子戰美、俄皆受其害。當前問題在聯
合國，美國想用談判拖延。以上是黃外長報告大意，茲
再將各常委發表示意見摘要錄後。

秘書長說，我們唯一責任解救大陸同胞，匪如使用
和緩政策，與我們很不利。

　　張道藩說，受中美條約限制，不能自動反攻，我們
反共抗俄口號人家不相信了，美國對起我們了。美國到
此為止是協防金馬，今後如何不受條約限制，隨時可以
反攻。

　　陶希聖說，美國不打仗，我們希望擴大以戰為目
的。匪外交政治是手段，作戰是目的，最大問題匪想入
聯合國，俄想大國會議。美國協防而未作戰，是我們最
大困難，我們不能相信美國。美國協防金馬，我們已過
了第一關，在美與匪和戰未定期間，我們如何應付是很
困難的。我們應付戰爭，應該積極準備，不能以美匪談
判，一切放鬆，這是我們中央常會應該決定的。

　　胡建中說，由戰場到會場，美國在戰場可能動搖，
匪分化中美，鬆懈戰爭，未來聯合國會議、華沙會議、
高階層會議都是與我們不利的。

　　谷正綱說，美匪談判互有利益，我們在過度期中死
守金馬，有戰場才有會場。

　　我對現狀觀感，就金門軍事言，四面受匪砲轟，無
時不在挨打中。就政治言，美與匪談判，我不參加，聽
人處分。言念及此，萬分慘痛，當前應如何援救金馬，
如何團結內部人心。

9 月 11 日　星期四

　　本日上午惟仁老太太請朱醫診斷，高血壓 175，
低 60，心臟尚好。我的血壓高 115，低 60。

9月12日　星期五

申叔即將返國

　　本日（十二）上午接駐法大使館陳代辦雄飛來電
（由外交部轉）：

　　令郎本月十一日搭乘 PAA 班機飛曼谷，十五日 PAA
轉港，同日 CAT 二〇二班機飛台北，已分電沿途照料
接送，函詳。

　　　　　　　　　　　　　　　　　　　陳雄飛

　　雄飛先生辦事週詳，使申叔得以返國，非常感激。

匪砲又狂轟金門及美司令態度

　　十一日匪砲向金門列島瘋狂射擊五萬餘發，我第三
批補給船團由中美軍艦護航，在匪密集砲火轟擊下，
僅卸下少數補給，即撤離海灘。美護航艦停泊處距海
灘甚遠。

　　我軍方表示，我不需美陸軍支援，惟盼美空軍制壓
匪砲。

　　第七艦隊司令畢克萊說，中共沒有力量進犯台澎。
中共企圖奪取金門，或阻擾供應，完全要看中華民國和
中共決心而定。一方面是防衛，一方面是進犯。換句話
說，他只有協防台澎之責，與護航至金門外三浬的臨時
義務而已。

9月13日　星期六

　　于院長右任老先生近月雙足發腫，日前又□傷腰
部，現正在頂北投招待所休養。我與張壽賢兄于昨日午

後四時前往慰問，惟尚未能起床，精神很好，其傷處已漸好轉。我們即經由陽明山返台北，這樣走法是圍繞陽明山一週，風景甚佳。我還是初次圍繞一週旅行，約行一小時又四十分鐘。

9 月 14 日　星期日

一、今日係農曆八月初二日，麗安女士五十三歲生日。惟仁老太太留他在和平東路寓所午飯，大家都很高興。

二、台灣大學教授劉甲一先生本日午後五時來訪。據云他從西德返國，在飛機中遇申叔。申叔在曼谷下機，準十五日（即明日）由香港飛抵台北，申叔託告家中云云。劉並云申叔身體很好。

三、信義路鄰居龔理珂先生遷往廈門街，我們與理珂已五年之久為鄰矣。

9 月 15 日　星期一

申叔真正回來

申叔於本日午後四時四十五分飛抵台北機場，我與光叔、和純、伯瑞、世祉、道和、宗玉、子和到機場迎接。別來六年之久，一旦見面萬分歡喜，尤其身體（又白又胖）較出國之前強建多了，這是我們料想不到。惟仁老太太的對他回國，其歡喜非筆可以形容者。從此老太太有人照料，我心安矣。晚間麗安太太等全家聚餐。

9月16日 星期二

一、惟仁老太太請曾醫量血壓，高一百八十，低七十。

二、因很多友人關心申叔，尤其稱讚申叔作畫。本日
上午偕申叔訪問杭立武大使，因申叔道過泰國，
大使館特別招待。

三、設計委員會因歡迎杭大使，歡送楊亮功先生出席
美國邀請人事會議，及恭賀史尚寬先生當選大法
官，下後四時舉行茶會招待，余並簡致辭。

9月17日 星期三

一、金門砲戰至十四日已廿三天，共匪發射砲彈二十
五萬發。照樣下去，金門十四個島嶼可能不必攻
擊，即將萎弱。

二、上午十時參加中央常務委員會第八十二次會議，
聽第六組陳主任建中報告台灣峽緊張形勢，與當
前匪情之分析。

三、午後偕申叔訪問許靜老、賈煜老、馬壽華、洪蘭
友、張厲生諸先生。蘭友現正臥病在床，情形非
常痛苦。

9月18日 星期四

【無記載】

9月19日 星期五

我空軍昨又在金門告捷，擊落匪米格機五架，擊沉
匪魚雷艇三艘。在台美軍事發言人表示，匪機如襲我運

輸，美機隊即予以殲滅，並可能追擊至匪基地。美核子
軍事力量集遠東，匪如對台蠢動，美將不惜一戰。美國
一方面準備軍事，一方面與匪在華沙會議，就一般形勢
言大戰不致發生。

9 月 20 日　星期六

　　國防部十九日發表，自「八月廿三日」金門砲戰發
生以來，迄至九月十九日止，共匪岸砲共向金門地區發
射三十萬零八千一百九十萬發。紐約時報報導，三週來
美軍品運台約九千萬美援，逾全年軍援一倍半。

9 月 21 日　星期日

　　【無記載】

9 月 22 日　星期一

美總統空前舉措

　　艾森豪總統對于蘇俄赫魯雪夫，關于台灣海峽危機
謾罵式核子威脅的函件，憤然扔回。此乃美俄關係至一
個新的低潮，亦是美俄外交史上空前。

　　美政府發表聲明，譴責赫魯雪夫函件充滿誣控威
脅，對個人施攻擊尤難接受，斥俄助匪侵略，猶圖
狡展。

　　美不因俄威脅退縮，計劃協同我國摧毀共匪岸砲。

　　美國高級軍官太平洋區總司令費爾特上將、太平區
空軍總司令庫特上將等集會台北。

　　台海危機嚴重，華沙會談無進展。

9月23日　星期二

大哉金門三十一天

　　金門在卅一天中，落彈逾卅二萬發，打破世界戰史紀錄。而國軍陣地依然屹立，軍民作息如常，真正不平凡的事蹟，使全世界矚目而重視，亦可見金門軍民大無畏革命精神。但常久下去，未可樂觀。

9月24日　星期三

一、上午十時參加中央常務會議，總裁親臨主持，第四組馬主任報告宣傳方針。總裁幾次發言，金、馬是西太平洋前哨，我們基礎是在大陸人心。我們取守勢，須忍耐，我們不退出金、馬，我們就性質上說金門已中立化。此次是共匪挑釁，我們宣傳不強調反攻，共匪與蘇俄要連在一起宣傳，我們可以在閩粵海岸登陸。外交次長沈昌煥發言，現在軍事戰場主靜，外交戰場主動，很多機會我們未做。如法國、澳地利、南美等國，尤其是法國，請法國重要人物來台灣訪問，應派駐法大使。敵人外交取攻勢，我們取守勢，敵人在日本宣傳費幾百萬美元，我們只有六百美元，倘有五十萬或百萬美元，我們外交一定可以好轉。沈說話時慷慨動人。

　　總裁答曰支持沈次長主張，錢可想辦法。歡迎戴高樂派人物來台。

　　陶希聖說，共匪所組織人民公社與反修正主義，以及用戰爭宣傳，都是實行總動員，準備大戰。

共匪人海戰術不適用，共匪及蘇俄戰與不戰，都
是要發生革命。明春蘇俄大會就是要大戰。

二、澄海海外空戰大捷，我又擊落匪機十架。戰鬥結
束後，我機全部安全返防。

三、此次聯合國大會中國代表權問題，投票結果，以
四十四票對廿八票，另九票棄權，通過了聯大指
導委員會的建議。即是不將中國代表權問題列
入本屆議事日程內，並決定本屆會期不作任何考
慮。我又獲一大勝利。

9 月 25 日　星期四
【無記載】

9 月 26 日　星期五
一、下午三時主持紀律委員會第第十二次會議，通過
例案多件。

二、惟仁老太太請曾醫量血，高 180，低 70，總而言
之仍覺太高。

9 月 27 日　星期六　中秋節
一、午後帶申叔、光叔到頂北投看于右任老先生病，
並向右老拜節。

二、美國務卿杜納斯強調金、馬地位重要，可與柏林
相提並論。重申對匪談判將不損害我權益，美決
直接及最初接受共匪武力侵略挑戰。

三、申叔回家過節，老太太非常歡喜。

9月28日　星期日

一、本日（九月廿八日）是至聖先師孔子二千五百零
　　九年週年紀念。上午十一時在總統府舉行紀念典
　　禮，蔣總統親臨主持，我等政府文武官員均往參
　　加，教育部長演講孔子學說。

二、駐泰國大使杭立武兄日前返國述職，今日上午九
　　時飛港返泰國，我偕申叔到機場送行。

9月29日至30日　星期一至二

　　【無記載】

10 月 1 日　星期三

上午十時參加中央常務會議。外交部黃少谷部長報告自八月廿三日金門砲戰以來，與美國歷次交涉經過詳細情形。尤以美國國務卿杜納斯最近在記者招待會中說：「如能獲致可靠停火，則外島將無屯駐重兵之必要。」這是美國對金、馬態度有所變更，真堪注意。黃部長報告約一小時又廿分。各委員紛紛發言，至午十二時半散會。現在美、蘇均不願發動核子大戰，但蘇聯擬利用中共發動有限度小戰。如過去韓戰就是蘇聯後方酌予接濟（以不發生核子戰為唯一的原則），共匪則前方犧牲，這是蘇聯如意打算。至美國不但不願核子大戰，亦不願小戰，其唯一對策，只有在台灣海峽積極佈置大戰，或可得避免小戰之目的。

10 月 2 日　星期四

今日農曆八月二十日，惟仁老太太七十晉五誕辰。因申叔回家，老太太非常高興。中午家中吃麵，一團和氣，申叔亦感覺愉快。

記洪蘭友同志逝世

第一屆國民大會秘書長、國民黨中央評議委員兼紀律委員會副主任委員洪蘭友兄，于九月廿八日（陰曆八月十六日）夜十時四十分病逝台北市松山台灣療養醫院。

洪氏患氣喘病歷時多年，復經制憲、行憲兩次國民大會出任秘書長，備著辛勤。積勞既久，所患宿疾乃影

響心臟，病況時好時壞。自九月十三後病體愈感不支，透視結果，肺、肝等部諸病併發，延至九月廿八日夜十時四十分，不幸卒告不治。除幼女二人尚在美留學，其夫人及二子（允文允武）、二女、二婿均隨待在側，遺體當即移極樂殯儀館。

洪氏現年五十九歲，江蘇江都人（原籍安徽），畢業震旦大學法學研究院，歷任中央政治學校教授、司法院司法研究所所長。

洪氏中國國民黨黨員，歷任中央執行委員、中央社會部副部長、內政部長、中央執行委員會副秘書長，現任中央評議委員兼中央紀律委員會副主任委員。

洪氏服務黨國卅餘年，才華卓越，貢獻殊多，各方對洪病逝，均多痛惜。余即于廿九日上午八時前往殯館弔唁，並慰問其夫人及男女公子。

本黨中央委員會廿九日午後舉行常會，決定由黨政及社會各界領袖及洪氏生前友好組織治喪委員會，並經推定張道藩為主任委員，王雲武、黃少谷、谷正綱、俞井塘為副主任委員。旋于下午六時舉行第一次會議，出席委員吳忠信及張羣、俞鴻鈞、張道藩、何應欽、王雲武、蔣經國、沈昌煥、張壽賢（治喪會總幹事）一百零七人，推吳忠信為主席。吳致開會詞後，全體起立向洪氏默哀，繼由張道藩兄報告洪氏逝世經過，再由會中決定十月二日下午一時大殮後舉行公祭。靈櫬暫厝極樂殯儀館，另行擇期安葬，並用棺木葬。

洪氏為人和藹，極重義氣，有高超智慧，豐富情感，其文辭典雅，思慮綿邈，本黨歷史文獻頗有出其手

筆者。

　　我與蘭友認識已久，在中央紀律委員會我任主任委員，蘭友任副主任委員，張壽賢兄亦任副主任委員。我們三人同一辦公室五年有餘。我們三人感情非常良好，尤以在公在私，他二人幫助我地方太多了。今蘭友先我去世，使我悲感交集。我深知蘭友善于謀人，紬于謀己，在黨內是一位忠實同志，在政府是一位盡忠職守、精明幹練模範公務員。

　　十月二日午後一時大殮，總統、副總統先後親臨弔唁。三十餘個機關團體參加公祭，我主持紀律委員會公祭，各界人士往祭者四千餘人，備極哀榮。我的輓辭如後：

歷輸忠款憲政完成，報國一生餘憔悴；
借助薑籌紀綱畢舉，斯人長往倍悽惶。

10 月 3 日　星期五
　　【無記載】

10 月 4 日　星期六
一、惟仁老太太請朱醫量血壓，高 200，低 70。
二、中興大橋通車，橫跨淡水河中興大橋，本日舉行通車典禮。我偕申叔及昆田與他三位男女公子，在人山人海中浩蕩而過。此橋長二公里多，費時十八個月，工程費用台幣三千萬元。台北市現有橋樑一百七十四座，此橋首屈一指。

10月5日　星期日
【無記載】

10月6日　星期一
共匪宣佈停火一星期

　　北平偽「國防部長」彭德懷于今日（六）上午一時，命令匪軍對我沿海島嶼停止射擊七天，並建議由匪偽政權與我中央政府舉行談判（七天限期是自星期日午夜）。蔣總統答美記者問，共匪廣播全是騙局，企圖離間中美感情，相信兩國都不會上當。金門之戰，中美合作行動，已打勝第一回合。從情報判斷，匪週後將採第二步軍事行動，只要兩國採堅定立場，必仍能予以擊敗。

　　蔣總統接見英記者，促美停止華沙會議，堅決表示決不放棄金馬。

中央社訊

　　朱毛匪幫於六日發出了一篇旨在打擊我民心士氣和離間中美合作關係的廣播。

　　經由匪幫「新華社」自北平發出的這個廣播，據此間抄收到的原文，是由匪偽「國防部長」彭酋德懷具名，提出了所謂對金門「從十月六日起，暫以七天為期，停止砲擊」的決定，並「建議舉行談判，實行和平解決」。

　　但是從整個原文看，其所謂停止和平談判，顯然是含有打擊我民心士氣的陰謀。例如彭匪一則說：「我們

都是中國人，三十六計，和為上計。」再則說：「你們與我們之間的戰爭，三十年了，尚未結束，這是不好的。」拆穿了，豈不是要我們根本放棄反共復國的基本原則，而向匪幫無條件投降？

當然，匪幫也明明知道，它的這種白天做夢的陰謀，我中華民國全體軍民是決不會予以理會的。於是，彭匪在廣播中，又要上另一套詭計，企圖以離間中美合作關係，來助成它的陰謀目的。例如彭匪一則說：「美國人總有一天肯定要拋棄你們的……杜勒斯九月卅日的談話，端倪已見，站在你們的地位，能不寒心？」再則說：「西太平洋是西太平洋人的西太平洋，這一點常識，美國人應當懂得。」換句話說，匪幫是要離間中美兩國的歷史友誼、反共合作，把美國從西太平洋上趕走，它便可以為所欲為，逞其征服亞洲的侵略目的了。

而再從彭匪廣播中特別提出停止炮擊七天，「以沒有美國人護航為條件」一點說，更足顯示它的毫無放下屠刀的悔罪之意。誰都知道，從八月廿三日到十月六日的今天，共匪已在金門地區發炮四十二萬七千多發。它正面臨後方補給不夠。而且由於我方還炮回擊，共匪的防禦工事已被破壞了很多，需要幾天時間來補充和修復，所以故意發出停止炮擊七天的廣播，而又附了必須沒有美國人護航的條件，企圖藉此收到它的宣傳效果。

10 月 7 日　星期二

惟仁老太太請曾醫量血壓，高一百七十，低七十。

10月8日　星期三

一、上午十時參加中央常委員會第八十八次會議。

二、緯國的老太太昨日（即農八月廿五日）七十大慶，
　　本日午後七時在家宴客。在座諸君都是我的老朋
　　友，如何應欽、朱一民、顧墨三、蔣鼎文、周象
　　賢、石鳳翔、何競武、朱騮銑諸夫婦，申叔亦被
　　邀參加。蔣老太太福體比較往年好，而今日精神
　　亦非常愉快。

10月9日　星期四

為惟仁老太太預選墳地

　　陽明管理局在頂北頭開辦公墓，我們返大陸遙遙無
期，而我與惟仁年事已高，不得不預為準備，特于今晨
約張壽賢前往該墓地接洽。適墓地管理人正在為好友洪
蘭友兄規定墳地，當即決定在蘭友墓右側預定。

10月10日　星期五

一、昨夜瀉肚，稍有寒熱，精神頗為疲倦，因此不能
　　出席總統府國慶典禮。特請朱仰高醫師診治，服
　　藥後，熱度漸漸退去。

二、同鄉胡鍾吾的公子國光與王善荃女公子書惠，本
　　日下午舉行訂婚儀式，請我證婚。我雖服瀉疲
　　倦，亦只得勉強前往。

三、國慶日欣聞空戰大捷，我又擊落匪米格機五架。
　　我空軍英雄張迺軍，因解救友機，撞毀匪機，壯
　　烈成仁。

10 月 11 日　星期六
【無記載】

10 月 12 日　星期日
美國新武器先後來台

　　響尾蛇飛彈，其追火燄如磁吸鐵，敵機沒有逃逸可能，因此敵機為我擊敗。自從八月廿三日起，共擊落匪米格機三十四架，我軍只損失一架，是國慶日空戰中互撞損失的。

　　美勝利女神飛彈營，乘艦抵台，捍衛台北天空。該營長宣佈飛彈威力，敵機倘敢來犯，將會碰上飛彈，因此台海防務更加堅強。

10 月 13 日　星期一
共匪宣稱繼續停火兩週

　　美聯社東京電，北平時間十三日上午一時，共匪廣播他們將以「停火」延長兩週，要求美國自台灣撤退。且恫嚇美國不得護航，如果護航，立即恢復砲擊外，並仍冀與我和談。這是進退兩難，續施騙局。

　　美國國防部長麥艾樂昨（十二）蒞華，重申對匪決不姑息，如匪再砲擊外島，或其侵略行動，美決全力支援我國。

10 月 14 日　星期二
【無記載】

10月15日　星期三
中美兩國對匪態度強硬

一、蔣總統接見澳記者談話

　　共匪如再武力侵犯，國軍將更堅反擊。金門戰役，我已阻匪進入太平洋，對維護自由世界安全大有進步。

二、美總統艾森豪明白表示

　　美國無意勸我國減少金門駐軍，盟國應堅決阻遏共黨擴張。

三、美國務卿杜納斯重申立場

　　信守中美防禦條約，拒絕匪要求美軍撤退，延長「停火」可能是匪攻擊詭計。又強調金、馬重要，不容落入共匪手中。金、馬駐軍多寡，應由中華民國決定，美匪談判（華沙）不涉此問題。

四、美國民意測驗結果

　　協防金馬政策，獲大多數通過。

10月16日　星期四

一、惟仁老太太請朱醫診斷，高血壓一百七十，低六十，這是近月最平穩一次。

二、今日身體稍有不適，是昨夜蓋被過熱之故，即服朱醫處方。

三、李崇年兄招待我與申叔午餐，在座趙淳如、張壽賢諸君。

10 月 17 日至 19 日　星期五至日
【無記載】

10 月 20 日　星期一
一、惟仁老太太請曾醫量血壓，高一百六十，低六
　　十五。
二、上午九時偕壽賢兄到北投看洪蘭友兄墓地，因蘭
　　友友人楊管北兄與蘭友夫人彼此意見尚有出入，
　　其結果仍用蘭友夫人意見辦理。

10 月 21 日　星期二
一、共匪恢復砲擊金
　　共匪自行拆穿「停火」騙局，于昨（二十日）下午
　　四時砲擊金門，盲射一萬一千餘發。昨晚整夜仍向
　　各島零星擾射，迄今晨為止，隨時可聽到稀落砲
　　聲。查共匪於十月十二日廣播延長「停火」兩週，
　　期限屆滿六天又八小時，又突然對金門前線恢復全
　　面性砲擊，這是共匪最不智、最失信之舉動。
二、今日是革命先鋒民立報紀念日
　　農曆九月九日重陽日是民立報紀念日，創辦人于
　　右任老先生約報館舊同事，在中心診所餐廳午
　　餐。參加午餐人約廿人，除我與于右老、朱宗良三
　　人現時在台外，其他都是舊同事在台男女眷屬。吾
　　兒申叔、光叔亦被約參加者。當時于右老任民立報
　　社長，朱宗良先生任編輯，我任經理。回想當年同
　　事十之八九已去世，我三人尚在台灣，國事茫茫，

良可嘆也。

10月22日　星期三

上午十時參加中央第九十一次常務會議，研討共匪恢復砲擊金門及美國務卿杜納斯來台會商一般情形。

10月23日　星期四
中美兩國發表聯合公報

美國務卿杜納斯應蔣總統之邀來華，就共同防禦協定實施問題，與我國會商。此次會商一連三天，已于本日（廿三日）結束，發表聯合公報共七條。其中最重要者有，面對匪新侵略行動，兩國團結一致，因匪分化陰謀使中美合作密切。

歛信金、馬與台、澎在防衛上有密切關連。

俄國、中共對中美威嚇侵略無成功可能。

美確認我為中國人民真正代表。

中美兩國維護聯合國憲章，並監及兩國現正履行之條約係屬防禦性質。

我以恢復大陸人民自由為我神聖使命，並相信此一使命之基礎，建立在中國人民之人心。而達成此一使命之主要途徑為實行孫中山先生三民主義，而非憑藉武力云云。

統觀上項公報，我們受防禦條約限制，不能單獨反攻大陸，且更明顯放棄以武力恢復大陸。所得者，金、馬與台、澎在防衛上有密切關連，不切實際一句話而已。

10 月 24 日　星期五

一、孫乾方世兄的岳父經利彬燧初先生日前病逝，昨
　　日設奠，我親往弔唁。

二、民社黨向構父先生八十華誕，在中山堂堡壘廳設
　　壽堂，我于今日上午九時親往慶祝。

三、午後三時主持紀律委員會第十三次會議，討論例
　　案多件。

10 月 25 日　星期六

匪揚言雙日停火

　　廿五日匪方廣播「化敵為友」，今後每逢「雙日停
火」，公然表示將向金門運送供應品。又說「打打停
停、半打半停」並沒有什沒詭計。又說「不向機場、馬
頭及船隻射擊，仍只以不由美方護航為條件」。這是匪
方掩飾砲擊失敗，與離間作用老套，就另一面看，表示
他有主動力量。

10 月 26 日　星期日

揭穿共匪「雙日停火」謊言

　　共匪廣播偽國防部長下令「雙日停火」，可是在廣
播發出數小時，自昨天上午九時起，匪炮又開始向金門
射擊，至晚六時共射二百數十發。而昨天廿六日正是所
謂「雙日停火」中的雙日。其欺世謊言，卑鄙態度，再
度暴露無遺。

10 月 27 日　星期一

一、蔣總統係農曆九月十五日，國曆十月卅一日華誕。
　　今日農曆九月十五日，余照往年例到士林官邸簽
　　名慶祝。過去數年都是洪蘭友陪我前往，今者蘭
　　友去世，我一人前往，感慨良多。

二、新疆省堯主席招待我與于右老等午餐，全是新疆
　　風味。

三、下午五時出席小組會議，地點在中山南路十三號。

四、昨日下午三時偕申叔參加吳氏宗祠祭祖祀典，禮節
　　隆重。

10 月 28 日　星期二

　　【無記載】

10 月 29 日　星期三

　　上午十時參加中央常務會議，聽取泰國政變報告。
泰國政治傳統，在「均勢中求生存，矛盾中求獨立。」

10 月 30 日　星期四

　　【無記載】

10 月 31 日　星期五

　　今日是國曆十月卅一日，蔣總統七十晉二華誕，國
內外同申慶賀，並以支援金、馬的實際行動為壽。余上
午九時先到中央黨部，再到總統府簽名慶祝。

現在軍事哲學家思想

第一、二次世界大戰後,世界軍事哲學之思想,認為以戰爭手段來達成政治目的已成過去,今日科學發達,必須以政治手段來解決政治問題。萬一雙方或有錯誤判斷,而惹起戰爭時,亦應限到最小範圍,並仍應於戰爭進行中,不忘以政治、外交手段來尋求解決。第一次大戰後,德國仍得復興,而惹起第二次大戰。但第二次大戰後,蘇俄倔興,較法斯西更甚。

11月1日　星期六

上午九時到三軍軍官俱樂部，參加參加中央銀行成立三十週年紀念會，由俞總裁鴻鈞主持。我因事先退。

11月2日　星期日

申叔回國後，第一個問題是兵役。在出國之前，兵役體格檢查列丁等，而留學生出國前應受軍訓，亦以身體不及格予以緩訓。尤其申叔左膀肘骨脫節，當時未能完全接上，不但左膀彎曲，且肘骨有一部分突出，不能負重。現在因有戰事，兵員不夠，補徵愈年役男，申叔雖年已廿七歲，亦在補徵之列。我絕無為申叔逃避兵役，但兵役法隨時改變，條文複雜，特請同鄉吳南山、張載宇代為研究。兵員不夠是事實，台灣同胞對補徵已過年齡役男，大為不滿。金門此次戰事，台籍兵士傷亡雖不及內地兵士多，台籍人士仍多流言，深望政府加以注意。

11月3日　星期一

一、上午九時參加中央聯合紀念週，陳建中兄大陸敵情，他說：「匪掠奪人民最後生活資料，人民抗暴已走上新的階段。」

二、陳伯蘭先生逝世四週年，陳三公子樹桓日前由港來台，本日在北投丹鳳山墓園舉行家祭。我于上午十時偕壽賢兄前往敬禮，前任伯蘭隨從秘書譚成英先生在場招待。今日陽光普照，氣候溫和。

反砲擊反封鎖英雄　榮獲勛獎的馬滌心少將
中央日報　中華民國四十七年十一月三日
軍聞社記者阮肇彬
軍聞社特稿

　　在金門前線，主持反炮擊，反封鎖的主要高級幕僚
之一的馬滌心少將（見圖），由於在炮戰激烈期間，奉
命擔任艱鉅繁重的任務，圓滿完成上級所賦予的使命，
功績卓著，榮獲參謀總長王叔銘上將親自頒予雲麾四等
勳章及立功牌各一座；金門前線指揮官亦曾以干城二等
獎章頒發給他，以獎勵他忠勇而優異的表現。

　　匪炮瘋狂轟擊金門的初期，也是金門前線運補極端
困難的時期。馬滌心少將此時正奉派擔任灘頭指揮官，
他深知其所負任務重大，故對灘頭設施與管制，以及協
調友軍等工作，均作嚴密的部署，並親冒匪猛烈砲火，
指揮運補船搶灘，以身作則，不眠不休，督導將大量補
給品搶灘卸運，粉碎了共匪初期所謂「圍困金門」、
「封鎖金門」的陰謀，更振奮了前線的民心士氣。

馬滌心少將並於「停火」期間，考慮到炮戰再起時，更能圓滿達成運補任務起見，乃苦心孤詣的創立了一種更切實際而有效的運補方案。他這一深謀遠慮且有獨到見解的計劃，不僅獲得上級的讚許，美軍援顧問團陸軍組長鮑克將軍亦予以「表現卓越」的好評。

馬滌心少將不僅在督導運補物資方面具有卓越的表現，而且在反炮戰中作戰計劃週到，督導嚴密，亦有很大的貢獻。共匪於八‧二三揭開炮戰序幕後，他的責任更加重了，但他仍如往常一樣的堅定沉著，一面策劃作戰部署，一面督導炮兵部隊，在最有利的時機下，迅速而有效地展開反擊，予匪軍瘋狂炮轟的卑劣行為以嚴厲懲罰。前線指揮官在頒授給他獎章時，曾讚譽他「對作戰部署計劃週到，督導嚴密，使本部反炮擊獲得輝煌戰果。」由這一段文字，足以說明他在金門炮戰中的另一勞績。

馬滌心少將將現為金門駐軍某部副部隊長，安徽盱眙籍，早年畢業於陸軍官校八期及陸軍大學十五期。在他二十多年的軍旅生活中，由於他勤奮累積的功績，政府曾先後頒授給雲麾五等、勝利、忠勤等勳章及績學獎章，褒狀等。馬少將這次雖然因圓滿達成上級所賦予的使命，而再次光榮地獲得了勳獎，但他卻認為做得太少了，他更謙虛的表示：「縱然有所成就，那也是長官指導的正確，以及友軍與袍澤共同努力的結果。」馬少將這種虛懷若谷的態度，更不愧為英雄本色。

11 月 4 日　星期二

一、惟仁老太太請曾醫量血壓，高 160，低 65。

二、匪砲昨（四日）又全面濫轟金門，射擊三萬六千
　　餘發，我砲兵獲豐碩戰果，金門縣府統計我民間
　　頗有損失。按共匪自十月二十日恢復砲擊金門以
　　來，這是最烈一天。在過十四天中，只有十月廿
　　日射擊了一萬一千五百廿發為最多。

三、行政院交通部長袁守謙兄老太爺在台北病故，本
　　日善導寺誦經受弔，我偕壽賢兄于今日上午前往
　　弔唁。

11 月 5 日　星期三

　　上午十時參加中央常務委員第九十五次會議，第六
組陳建中同志報告共匪「人民公社運動」與「全民皆
兵」之分析。其大概情形如下：

　　最近共匪于台灣海峽戰爭中，正在大陸推行三項
運動，即（一）一千萬〇七十萬噸鋼鐵生產、（二）
七千億斤食糧增產，與（三）人民公社運動。

　　這是共匪執行所謂「社會主義建設總路線的根
本」，並與「全民皆兵」動員結合起來，將使整個大陸
社會組織、人民生活發生根本變化，即所謂「農、工、
商、學、兵合一」組織。「人民公社」無分男女，十八
歲至五十歲一律須參加組織，納入生產隊，即所謂「亦
工亦農亦兵」，又稱為「勞武結合」。平時生產是「勞
動大軍」，戰時持槍作戰是武裝部隊。

　　在農業集體化時代，農民尚保一點自留地以及房屋

與一部生產工具。「人民公社」則全部消滅私有制，而實行「全民所有制」，「實行統一分配」，執行奴工管理。婦女亦均離開家庭參加生產，實行公住、公食、公育、公養（老）、公醫、公學、公娛及公共洗衣、縫紉、沐浴、理髮等生活，各均由「公社」建立組織負責供應。婦女不再擔任家庭勞動，而參加生產隊勞動。

這一制度（人民公社為絕滅人性幹法）過去在蘇俄實行失敗，東歐附庸各國亦未敢冒然嘗試。倘共匪推行順利，其他附庸國也將照樣推行，則鐵幕內九億人民，將再關入「公社」奴工營。

陳建中同志報告後，繼續有數位同志發言。大致如下：

希聖同志說，共匪對內用人民公社，對外用金馬戰爭。大陸人民沒有外面力量，自身不能發動，要將華僑與反共人士力量運用到大陸去，勿使以我為對象。

厲生同志說，共匪過去工商合營化、農業集體化，究竟是成功或是失敗。大陸人民無反抗力量，共匪要如何做就如何做。現行「人民公社」與工商合營農業集體是一樣的。

葉翔之同志說，匪「人民公社」成立，影響大陸革命工作太大了。茲略舉數點阻礙我們工作：（一）人民公社用「公食」（發飯票）、「公住」，因此人民手中無糧食，人民無家庭；（二）農村孤立、都市孤立，交通、購買等等人民公社自辦，並減少農村、都市及人民往來與交易；（三）勞動集合、時間分配，人民無空餘時間，一日工作，疲困不堪，即待休息，絕無時間與外

人交通往來的精神；（四）組織軍事化，使人民無活動
餘地；（五）工資制度化，人民拿到工資亦無處使用，
倘錢多出來，就要追問多錢從何處來的；（六）希望大
陸人民起義，可能性甚少，如同一個雞蛋，很易破的，
你要去打才會破的。

彥芬同志說，要華僑相信我們黨政，其關鍵在使、
領館人員。海外黨部不是做不好的，如泰國黨務就是辦
理很好的，但經費還是不夠的。對華僑事務要爭取美國
幫忙，美國在有華僑地區使、領館均設有華僑專員，美
國對華僑估計比我們高。

副總裁辭修同志說，大陸人心是革命的。在政治上
為軍事，要打開這一重要的路，還是在經濟。因此只有
發展民生主義，以農業為主，擬五年內增加糧食卅萬
噸。為商業資金週轉，擬組織開發公司，美國擬拿五百
萬（美金），中國拿五百萬。有政治沒有軍事，不能發
動大陸革命的，軍事第一，建立在經濟上。我們軍事近
代化，尚須時間，要將軍隊減少，是錯誤的。我們要埋
頭苦幹，比宣傳更為重要，現在準備不夠，仍須再有一
年準備。美國與我們彼此同情，彼此了解，杜國務卿表
示目標是一個，做法有距離。國外我們金融機構要加
強，要與華僑配合，黨務配合。少宣傳，對人民要做幾
件事。

最後外交部沈次長報告，共匪與美國華沙九次會議
無結果經過情形。

11月6日　星期四

一、本月四日為美國參、眾兩院及各州州長大選。州
　　長卅三人，其中共和黨當選者八人、民主黨廿五
　　人。改選後之參議院，共和黨獲三十四席、民主
　　黨六十二席。改選之眾議院，據初判斷，共和黨
　　將獲一百五十二席、民主黨二百八十一席。民主
　　黨獲得空前大勝，已贏得國會控制。

二、高雄市人民擬以國父建築銅像，係請王昌杰、丘
　　雲、熊啟琳等專家在台北彫塑，然後運往高雄，
　　現時正在彫塑模型。因熊啟琳女士（國民大會
　　代表）係羅才榮同志夫人，因此羅同志轉述該廠
　　意，請我與張壽賢兄于本日上午十時前往參觀銅
　　像模型，是否與國父生前相貌相同。惟該模型乃
　　根據國父昔年照片彫塑的，就難的真，大體無多
　　出入。

11月7日　星期五

　　午後到南港拜會胡適之先生。他係新由美國回來，
他強調要我寫回憶錄。

11月8日　星期六

　　上午九時偕申叔看「苦女尋親記」電影預演。此片
係由黨營中央電影公司攝製，由天才女童星張小燕主演
者。本日上午舉行預演，招待各界及中央黨部各同志。
該片係一部文藝影片，深富教育意義，張小燕始終保持
一個天真苦女態度，尤其難得。小燕能歌能舞，在夢中

及茶園採茶表現出來，益以影片中以女童星主演者，尚
屬罕見。

11 月 9 日　星期日

一、惟仁老太太肚脹、肚瀉、稍有熱度，上午九時請
　　朱仰高醫師診治，據云係傷風。

二、余紀中世兄老母本日八秩壽誕，在靜心樂園設立
　　壽堂，招待親友。我親往慶祝，並參加午餐，並
　　簡單致辭。紀中父親幼舫先生現在八十二歲，其
　　去世時，紀中才四歲，其孤苦可以想見。我與幼
　　舫先生係前清第九鎮同事，深知其個性。

11 月 10 日　星期一

　　惟仁老太太不但腹瀉未愈，今晨新加嘔吐，頗感疲
困，即請朱仰高醫師來家診治。晚間熱度增加。

11 月 11 日　星期二

　　惟仁老太太今晨熱度已退，再能加意休息，當可
恢復。

11 月 12 日　星期三

　　今日係國父九三誕辰，上午十時在總統府舉行紀念
儀式，蔣總統親臨主持。陳副總統報告，題為「紀念國
父與三民主義建設」。

11月13日　星期四

一、本日係陳布雷先生十週年紀念，陳氏生前友好假
新生報大樓集會紀念，我于上午九時卅分前往敬
禮。我們懷念布雷先生，深感十年時光，我們國
家與人民所遭受的真是亙古未有之劇變，我們實
難忘大陸同胞時在恐怖與饑餓中，求生不得，求
死不能。

二、惟仁老太太請曾醫量壓，高160，低60。

三、倪超凡令弟應銘、彭佐熙次女雪梅，昨日（十二）
午後五時舉行訂婚，請我證婚。

四、蘇聯要求西方退出柏林
西德政府堅決拒絕，斥為危害世界和平。俄誣西
方以柏林為基地，聲言不再受波茨坦協定約束。
俄帝圖在歐洲恢復冷戰攻勢，希望使美國改變
政策，西方評赫魯雪夫炸彈性的威脅，英、美、
法、德外交家會商中。

11月14日　星期五

老同志方覺慧先生在台逝世，本日上午在極樂殯館
大殮，我偕張壽賢前往弔唁。

11月15日至18日　星期六至二

【無記載】

11月19日　星期三

上午十時參加中央第九十八次會議，蔣總裁親臨主

持，討論共匪推行「人民公社」運動之情形與我方之對策。各常委紛紛發言，大意是下列說法：「人民公社」是「家破人亡、絕子絕孫」制度。「人民公社」是由一個牢獄中改入被另一個更難堪牢獄，與更難受集體奴工勞役。

總裁對于人民公社之指示

宣傳綱領與方法，各學校與各團體每月要講解一次，如人民公社破壞家庭，分散親屬，與平墳掘墓等等罪惡。

我們對人民保證恢復家庭，公社土地發還人民，保護人民生命，復興文化。

我們要研究人民公社發展時間與程度，以便隨時應付。

總裁招待午餐

十一月十九日午後一時蔣總裁招待午餐，都是我等老同志評議委員，如于右任、閻錫山、李石曾、賈煜如、何敬之等廿餘人。席間總裁說明上次與杜納斯國務卿簽訂的協定經過情形與利害。

11 月 20 日　星期四
【無記載】

11 月 21 日　星期五
午後三時出席國民大會第九小組會第二次會議。

11月22日　星期六
【無記載】

11月23日　星期日
偕徐斐章兄回看同鄉陳瑞和，他現在生活困難。又回看鄭為元、胡牧球，均外出未遇。

11月24日　星期一
上午十時，參加革命實踐研究院總理紀念週暨台灣省建設問題研究會第二期開學典禮，總裁親臨主持，並訓話。

洪蘭友先生本日安葬
蘭友先生生前對我十分尊敬，遇事不問公私，熱心幫助，使我感激難忘，尤以數年來在中央黨部同房辦公，蘭友協助頗多。我于廿四日上午九時先至極樂殯儀館靈前致祭，午後一時半參加啟靈祭後，親送陽明山公墓安葬，並慰問洪夫人。蘭友先前友好本日前往祭奠者一千餘人，更以連日陰雨，今日天忽放晴，由此可知蘭友既有人緣，又有天緣。喪事十分圓滿，都由張壽賢兄主持辦理者。其喪事與安葬約用台幣二十萬元。蘭友為人慷慨，都認為他是巨富，孰知逝世後負債甚多，真是意想不到者。

11月25日　星期二
惟仁老太太本日上午請曾醫量血壓，高一百九十，

低七十，似覺過高，須注意。

11 月 26 日　星期三

上午十時參加常務會議第一〇〇次會議，總裁親臨主持。決定中國銀行即行復業，交通銀行准即復業，中國農民銀行俟擬具辦法再行核辦。至中央銀行在行政院報告中雖未提及，但該行總裁俞鴻鈞同志在本日常會中臨時說明，總裁（蔣）曾指示中央應復業云云，因此中央銀行亦準備復業。

11 月 27 日　星期四

金門砲戰雖表面和緩，而蘇俄又在西方要求終止四國（美、英、法、蘇）佔領柏林。僅防共匪利用柏林緊張聲東擊西戰略，向中東或東南亞突擊。

11 月 28 日　星期五

下午三時主持紀律委員會會議。

11 月 29 日　星期六

上午十時李壽雍（震東）同志來訪，五十陸歲，江蘇鹽城人，北京大學畢業，留學英國習經濟。李同志頭腦清楚，學有根底，在本黨服務卅多年。現任陽明山革命實踐研究院副主任委員、中央黨部設計考核委員會主任委員，曾任大學教授、暨南大學校長、江蘇財政廳等職。

接見金門戰事首功馬滌心將軍

午後一時馬少將滌心來晤。他是安徽□□縣人，軍校第八期畢業，陸大第十三期畢業，現任副軍長駐金門。此次金門戰事發生，臨時兼任灘頭指揮官、反砲戰指揮官，並代任參謀長。奮勇當先，冒極大危險，克極大困難，達成任務，為此次戰役第一有功人員，這是當前將領中不可多得的人才。我向馬將軍表示，你此次成功，「黨國之光、安徽之光」。

11 月 30 日　星期日

美國擎天神飛彈發射成功

此項飛彈時速一萬五千哩驚人速度，射程五千哩（六千三百廿五哩），核子能力得以一舉毀滅千百萬人城市一個或數個，威力可達蘇俄全境，將在世界上產生遠大影響。美專家對彈落目標準確感振奮，預料明年可列為作戰武器。美國重登科學霸王地位，對美全球戰略觀念將有改變。

12 月 1 日　星期一

一、惟仁老太太請曾醫量血壓，高 200，低 75，乃入
　　冬以來最高一次。

二、上午十一時參加陽明山實踐研究紀念週，總裁親
　　臨主持，並監視知識青年黨部委員（一百廿四人）
　　宣誓典禮。其訓話大意如後，外人說我們中國人
　　「落後劣等」，其最大原因就是不守信義，今日宣
　　誓，就是要有信義，遵守誓言。又說明過去中美
　　共同申明第六條，所謂不以武力恢復大陸一語，
　　不是不用武力。例如過去北伐，我們只有五萬支
　　槍，而能消滅軍閥百萬大軍。又如抗日戰爭，敵
　　人海陸空三軍大過我們不知若干倍，我能戰敗日
　　本，這都是我們以三民主義為主要力量，其次才是
　　武力。今後我們反攻亦應以主義為先，武力為次。

三、昨日午後訪陳伯稼先生。他現年七十四歲（福州
　　人），臥病四月，已日漸全愈，生活清苦。陳先
　　生一向隨戴季陶先生任秘書，在考試院服務三十
　　多年，現任考試院首席參事。

12 月 2 日　星期二

　　回看馬滌心將軍（金門戰功已載十一月二十九日日
記）。我于本日上午偕徐斐章及申叔赴北投馬家訪晤滌
心，適滌心夫婦都外出。觀其住宅茅房三間，其破壞不
足以禦風雨，子女四人均未成年，生活非常清苦。我們
革命黨人都能如馬氏者，則反攻大陸乃指顧間耳。

12月3日　星期三

一、惟老太血壓較高，腳又發腫，上午九時請朱醫診
　　治，高血壓 200，低 60。

二、上午十時參加中央常務會議第一〇二次會議，陳
　　副總裁主席。

　　（1）張常委道藩（兼立法院長）說，立法院有一百
　　　　個案件沒有審查，立法委員百分九十四是本黨
　　　　黨員，常常開不成會，尤其不能遵守時間。院
　　　　長為職權所限，毫無辦法。立委情緒不好，一
　　　　月薪水只能用十八天。立委同志多誤會，說國
　　　　會在中央黨部。

　　（2）陳副總裁（兼行政院長）說話，經過十年來，
　　　　大家還是情緒問題，不一定是生活問題。立委
　　　　對行政院提案，認為不關重要，另外一種是大
　　　　家不了解。副總裁接著說到財經與軍事。新兵
　　　　想回家，老兵無錢存。軍隊老兵只有二十四
　　　　萬。生活問題乃是整個財經問題，現在財政
　　　　差廿億台幣。匪和平攻勢相當利害，現在口
　　　　號，還是第一反美，第二解放台灣。敵人鐵路
　　　　連運，並與他有關國聯運，不能不注意敵人行
　　　　動是準備作戰。財政、經濟、軍事如何配合，
　　　　倘這三種無辦法，則社會不能安定。總裁指示
　　　　關于兵員，只徵適年役男，因此要差兵額三萬
　　　　人。現在兵額超出預算六萬人，必須先將軍隊
　　　　員額弄清楚。前方七個師必須充實，後方各師
　　　　裁減合併，要做到預算平衡。我們有辦法，人

家才能幫忙。首先解決財政、經濟、軍事三大
平衡問題，才能談生活問題。美國增加援助，
我們不能消化，例如增加我一萬五千車輛，我
們如何接收、使用等等都成問題。有好領袖、
好主義，更要建立信心。

（3）張秘書長說說話，這些問題都是舊的問題，總
裁、副總裁說話才有力量。立委同志多說不
好，不說也不好，要大家了解。

12月4日　星期四

最近國際間有人主張承認共匪

一、美國前總統杜魯門、英國前首相艾德禮，主張有
關台灣國際化的建議。無論就那一方面說，台灣
之為中國領土，已歷若干世際之久，此種建議真
是慌謬之至。台灣歸回中華民國，係由開羅會議
提出保證，杜魯門、艾德禮親筆簽字的，而波茨
坦宣言再度肯定。

二、美國基督教協會建議，美國承認中共匪幫，並允
其加入聯合國。

三、美國新選加利福尼亞州長，認為台灣有引美國入
大戰危機，主張與台灣隔離。

四、美國聯合國同志會，以及自由亞洲協會等亦有類
似上項主張。

五、就國際上項情形觀察，我們在金門戰役雖獲國際
稱許，但國際素來主張中共匪幫入聯合國的等等
謬論仍然存在，深堪注意。我們對內財經問題甚

多，尤其未能平衡預算，影響公教人員生活。對于台籍同胞尚多隔閡，如警察、稅務、兵役等做法，更為台籍人士所不滿。我們要將這些問題從速妥善解決。我們的環境，如同一個日久病人，體氣已衰，萬不可突生新病。務希從速診治，多請名醫，早日恢復健康。

12月5日　星期五

惟仁老太血壓降低，經曾醫診斷，高 165，低 60。

12月6日　星期六

美國務卿杜納斯演說，重申美國不承認匪偽，決以武力保衛和平，並讚揚中華民國為中國文化之堡壘，嚴斥與匪貿易有利說為幻想。匪傾銷詭計，威脅東南亞，匪俄色屬內荏，極權暴政必亡。

12月7日　星期日

麗安今晨突向我說不願與我同住，我百思不得其解。我憑天理良心，對麗安可告無愧，我只有忍耐。當即將此事告光叔兒。

12月8日　星期一

安徽立煌縣國民大會代表江白良先生于十二月三日晚逝世。本日上午九時大殮，國民大會聯誼會舉行公祭，推我主祭。江氏享壽六十七歲，安葬大直天主教公墓。

12 月 9 日　星期二

　　老同志錢公來先生昨日七十大慶，今日上午我偕壽賢兄到北投錢家慶賀。

12 月 10 日　星期三

　　上午十時參加中央常務會議，副總裁主席。張常委道藩報告，美國前總統杜魯門、英國前首相艾德禮主張台灣國際化，擬用個人名義寫信給杜、艾，但不要常會負責。是否可行，請常會指示。並擬在記者招待會發表，或在某種演講會發表。經各同志多方討論，決定用向有關係外國記者單獨發表為宜。

12 月 11 日　星期四

　　上午九時半偕張壽賢兄弔唁張國麟老先生。陳公子嘉尚現任空軍總司令。

12 月 12 日　星期五

一、上午十時參加總統府月會，並舉行胡適、程天放等宣誓，陳副總統主持典禮。計宣誓人有中央研究院院長胡適、考試院副院長程天放、駐阿根廷大使譚紹華、司法院大法官林紀東、徐步垣、胡伯岳、曾邵勳、王之綜、洪應灶、金世鼎、景佐綱、曾繁康、黃演渥、史尚寬、胡翰、史延程、考試院秘書長關吉玉等。副總統致詞，深慶國家得人，期望發展科學宏揚法治云云。

二、下午四時出席小組會議，廣泛交換意見，有關總

統任期即將屆滿憲法問題，以及台灣省臨時議會改正式議會，省主席民選諸問題。認為修改憲法問題太多，易生支節。民選主席遲早是要實行的，不如早日宣佈籌備，至快亦須三年才能選舉。

12月13日　星期六
【無記載】

12月14日　星期日
老同志張邦翰（西平）先生在美國逝世，雲南人，享壽七十四歲。由我們發啟，于十二月十四日上午十時在台灣大學法學院舉行追悼會，我準時前往參加。

12月15日　星期一
惟仁老太太請朱醫量血壓，高 150，低 60。這是入冬以來最平穩一次（二星前高到二百），此乃朱醫診治之收獲，總之有病必須診治服藥。

12月16日　星期二
一、立法委法委員李鈺先生因心臟病逝世，本日上午九時三十分在極樂殯儀館大殮，我偕壽賢兄前往弔唁。李先生福建邵武縣人，本黨中央候補委員，精明強幹，正是有為之時。

二、胡適之先生明日（十二月十七日）六十晉八華誕，是日又係北京大學成立六十年紀念，因胡先生曾任該校校長，明日賓客必多。故于本日上午十時

偕申叔往南港中央研究院胡氏寓所慶祝，適張其
昀諸先生均在該寓為胡預祝。

12 月 17 日　星期三

胡生日。下午三時國大主席團在婦女之家開會。

毛匪澤東下台證實

偽人民政府主席毛澤東不再任偽主席，已經匪黨中
央委員會議通過，其繼任人選或將為偽政府第一副主席
朱德，但毛匪仍將保持黨內領導地位。查匪方發動台灣
海峽金門戰爭，及實行「人民公社」之失敗，造成人民
不滿，這是毛匪失敗主要原因。至過去「大鳴大放」打
擊知識分子，「幹部下鄉」造成內部分離，這都是匪
的失敗因素。總而言之，今後匪黨更走下坡路，是必
然道理。

各國對于毛匪下台評論不一，南共認為是根本垮
台，法國人分析是派系的鬥爭。英倫報紙莫不關心，專
家意見紛紜不一。日本專家意見，朱德可能是明升暗
降，劉匪少奇將攬大權。法新社電，實行人民公社，匪
酋已發生嚴重歧見，一派主張從緩建立和推動「人民公
社」，另一派則要求進行，把「既成事實」擺在人民
面前。

12 月 18 日　星期四

惟仁老太太本日午後請醫量血，高 190，低七十，
比十五日朱醫診斷高增四十。

12月19日　星期五

一、下午三時主持紀律委員會會議

討論程滄波、胡秋原兩同志對出版法修正案違反黨紀，經中央常務委員會交本會議處，經詳加審查，提出意見如次。查出版法修正一案，因社會人事之誤解，引起嚴重紛爭，立法院內本黨同志或因平素職業關係，或外受輿論引響，對于中央所決定辦法，未能積極支持。程滄波同志等提案，主張公開討論，胡秋原同志于修正案通過後，撰文表示異議，均屬重視個人主張，輕忽黨的紀律。惟幸立法委員同志多數均能遵照中央指示，終于完成修正程序，自修正案通過公佈後，各方誤解已告清釋，院內紛爭亦已平息。本會迭經審慎研議，僉任為中央對于從政同志之約束，既已因本案而為澈底之檢討，今後倘能加強領導，善為運用，過去缺失，當可逐漸糾正，納入正軌。近據程滄波同志上書總裁表白忠誠，情詞懇摯，似可原宥，擬即免予議處，以觀將來。至胡秋原同志，據報尚有其他資料在調查中，擬暫緩議，候另案決定。是否有當，敬請公決。決議通過。

二、共匪對城市「人民公社」緩行

共匪宣布對大陸各城市「人民公社」暫緩進行，謂城市中的資本主義份子和知識分子等，對成立公社仍有誤解，並謂需要等待二十年或更久整個程序。匪圖緩和人民反抗情緒，佯示放寬「公社」

壓制，粵匪偽裝「整頓」，謀誘騙農民入彀。慘
無人道的暴政「人民公社」，其目的無論貧富都
為一無所有，誠如民謠所說「四野屋空遍地荒，
一無所有個個光」。公社制是拆散人民家庭、消
滅倫理道德觀念，大家住在一起、吃在一起、工
作在一起，吵吵鬧鬧，一片混亂。托兒所缺乏棉
被，千千萬萬幼兒啼飢號寒。公社制要使全民皆
兵，據共匪估計在公社裡，將來可以有八千五百
萬民兵，充分加緊備戰侵略野心。總之公社制是
一個極大陰謀，是滅絕人性行為，摧毀原來經濟
制度，毀滅整個的固有文化，瓦解傳統的社會組
織，實現共產主義迷夢。

12 月 20 日　星期六
美國放射四噸重衛星

美國擎天神飛彈昨日飛成四噸重衛星射入太空軌
道，每百分鐘繞地球一週，可將資料訊號發回地面。

美衛星較俄衛星重三倍。自由世界同聲歡呼，並顯
示美國洲際飛彈威力強大，控制衛星廣播完全成功。艾
森豪耶誕文告，昨自太空廣播世界地面站曾命令衛星廣
播一次，艾氏認為驚人發明事件。

擎天神衛星收聽地面電訊，再自太空播回，打開電
訊革命新世紀。

12 月 21 日　星期日
【無記載】

12月22日　星期一

上午十時參加陽明山實踐研究院總理紀念週，總裁主持，舉行台灣省建設問題研究會第二期結業典禮。

12月23日　星期二

上午九時至中山堂出席光復大陸設計委員會，舉行一年一次第五次全體會議。蔣總統親臨訓話，其重要者有：

（一）要重視他手著育樂兩篇藍圖。

（二）國民大會代表中有主張修改憲法，這是代表等職權，本人（蔣）可以代表中國國民黨、代表政府說，我們不僅是沒有修改憲意思，並且反對修改憲法。又說反攻復國的武器，如軍事、政治、經濟、文化等等莫不皆是，而憲法尤為反攻復國有力武器，所以必須尊重。

（三）目前最重要是深切研究奸匪殘暴「人民公社」，毀滅倫理、道德，更毀滅民族精神與一切文化，不但毀滅中國文化，而且毀滅整個世界文化。

（四）我們力行三民主義，必能消滅匪俄。我們過去罪惡就是大家認識三民主義不夠透澈，奉行三民主義不夠誠篤。我們反攻復國，應以「主義為主，武力為從」，這是一定道理，能如此則任何革命戰爭，才能達到勝利。

就總裁上四項指示，意義甚深，果能切實施行，則一切困難，都能克服。

12月24日　星期三

一、上午十時參加中央會議第一○六次會議，並無重
　　要案件，十二時散會。

二、安徽國民大會代舉行一年一度聚餐會，並商討救
　　濟香港皖籍難胞，擬酌予捐募，由今日聚餐會同
　　仁先行遂意認捐。我首先捐台幣乙仟元以表微誠，
　　並請湯代表志先草擬慰問函件。又推湯代表志先、
　　溫代表廣彝、吳代表兆棠三人主持募捐事宜。

三、廿四日晚七時半到中山堂（麗安同去）參加國大秘
　　書處晚會，由復興戲劇學校演唱國劇。

12月25日　星期四

國民大會代表年會

　　上午九時出席每年此日一次第一屆國民大會代表
四十七年度年會，其情況如後：

一、陳副總統兼行政院長報告施政指出：（1）我們全靠
　　自覺奮鬥，才能達成復國任務；（2）金門之戰勝
　　利是反攻復國開端；（3）共匪推行「人民公社」
　　正是自掘墳墓；（4）財經困難相信可能克復；（5）
　　裁減兵額尚不可能；（6）公教人員待遇絕不能輕
　　言調整。就陳氏所言，上項四、五、六問題尚難
　　克復。

二、年會下午討論議案計四十五件，關于修改憲法提案
　　辯論較多，決議交由幹事會研討。又敦促政府有
　　效平抑物價。

三、本月廿三日蔣總統在光復大陸設計委員會年會，宣

佈「反對修改憲法」主張。國內外人士認為根據憲
法，總統只能連任一次，蔣總統如此宣佈，就是
放棄下屆總統競選，是則下屆總統將屬現任副總統
陳誠。未免言之過早，反而引起社會許多推測。

四、蔣總統並說過照憲法規定，國民大會代表與立法委
員都有修改憲法權力，何況這部憲法漏洞太多乎。

五、根據當前事實需要，以及憲法上其他解釋，尚有許
多辦法，例如立法委員、監察委員、國大代表可
以連任二次或三次，為何總統不能連任第三次。
總之我們遷台先後十年，已至最後關頭，請大家
不要自亂陣線，平心靜氣研究。如何與反攻復國
有利，就如何幹法罷了。

12月26日　星期五

【無記載】

12月27日　星期六

一、惟仁老太太請曾醫量血壓，高 190，低 70。入冬
以來血壓總是較高，萬不能突破二百度。

二、顧墨三兄（祝同）令尊大人蘭亭先生于十二月廿五
日逝世，享壽八十八歲。于本日（廿七）午後一時
大殮，我偕張壽賢兄前往弔唁，並親送至觀音山
墓地。

12月28日　星期日

分別訪問國大代表溫廣彝、湯志先，磋商募捐救濟

香港皖籍難胞。

12 月 29 日至 30 日　星期一至二
【無記載】

12 月 31 日　星期三
一、惟仁老太太昨日請朱仰高醫師血壓，高的 220，低的 85，隨服朱醫由德國帶回的特效藥。本日（卅一）再請曾醫量血壓，高的已降至 170，低的 70，其藥力的之大，可以想見。
二、上午十時參加中央委員會常務會議第一〇八次會議，總裁親臨主持。關于黨務方面，總裁指示今後對基本黨員應特別注意兩點：（1）退伍軍人，尤其台籍退伍軍人；（2）小學教師，並須予以幫助。

補錄復庸叔兒親筆信
庸兒覽：

十二月八日收是月一日來函，甚慰，因事冗，未克即復。

一、來函所謂出國已將三年，一事無成。父認為大學畢業後，又讀研究院已兩個學期，憑心而論，兒已很大努力、很大收獲，父非常滿意。至將來得碩士學位後再讀博士，是父一種希望。屆時要看你的興趣與當時環境，由兒自己決定，父絕無勉強之意也。

二、來函謂兒母親赴美一事，父是贊成的，因他年事

已高，需要你們照料。但須光兒明年考取美國留學後，方可決定。倘能與光兒同行，則途中更為方便也。

三、來函談及申兒回國事。申兒出國頭尾六年，他雖說一事無成，但身體較前強健，繪畫確有進步，並在巴黎大學讀過法律。此次係省親回國者，因經濟關係不能再回巴黎了。在台灣工作雖不困難，但其自身有高不成低不就之感，惟繪畫是其唯一才能。今後擬在這一方面多求發展，或可事半功倍也。

父精神健旺，希勿念。

父啟　十二月廿一日晚

今年我家比較平安

一、我的身體非常強健，比往年進步。

二、惟仁老太太雖血壓高，心臟衰，今年總算平安。

三、麗安身體不如往年，日較衰弱。

四、申兒回國，庸兒大學畢業，光兒尚知讀書重要，明年大學畢業，我很快慰。

五、吾家不事生產，我一人負責，深感生活困難。

四十七年注射賀爾蒙

四月十五日、七月卅日（三個半月）、十月十四日（三個半月）

四十八年注射

一月五日（七十天）

四十八年三月廿一日注射（七十五天）

四十八年六月四日注射（七十三天）

四十八年八月十一日注射（六十七天）

一年來之回顧

甲、國際

(1) 俄搶先發射人造衛星，舉世震驚，今後武器
    競賽更趨激烈。

(2) 洲際飛彈試驗成功（是射程達五千哩長程飛
    彈，可以攜帶氫彈頭），其速度為每小時一
    萬二千哩至一萬六千哩，伍千哩射程只需半
    小時。破壞殺傷力極大，無法防禦，但使用
    洲際飛彈尚須時日。不過美、俄兩國對于中
    程飛彈（射程一千五百哩）業已實際製造，
    可以隨時使用。

(3) 俄因衛星發射成功，從劣勢轉居優勢，蘇俄
    不僅在宣傳上收到效果，而且確然使人括目相
    看。過去蘇俄自居第二強國，而現在則因在科
    學技術上超過美國，而自傲第一等強國了。

(4) 美國受重大刺激，全力發展科學武器。美國
    向在科學技術上居于領導地位，而國力雄厚
    尤非蘇俄所能比擬，但竟然在人造衛星遭遇
    挫敗，主要原因實由于輕敵心理。其次美國
    三軍的各自為政，分別各就計劃發展，以及
    近年來美國政府採經濟緊縮政策，對科武器
    發展均有影響。

1959 年（民國 48 年） 76 歲

1 月 1 日 星期四
風和日麗預料復國機運

一、上午九時至台北賓館參加本黨中央委員會，舉行
中華民國四十八年元旦團拜典禮。由老同志于右
任先生主席，並致詞。大意謂總理創造中華民
國，今天已經四十八年了，時間的考驗證明三民
主義原理、原則完全正確與偉大，這是全黨同志
所以自豪，並加強信心的。一元復始，萬象更
新，時序如此，值得我們興奮云云。典禮于九時
二十分完成。

二、上午十時至中山堂參加開國紀念，蔣總統親臨主
持，領導行禮後，首由陳副總統率領文武百官、
立、監委員、國大代表等二千餘人與會人員向總
統拜。後總統致詞時說，今年反攻復國方針，勗
勉同胞加緊實施三民主義，致力光復大陸人心，
爭取革命戰爭勝利。

1 月 2 日至 3 日 星期五至六
【無記載】

1 月 4 日 星期日

蘇俄發射噸半重火箭飛過月球旅程一半，俄揚言征
服太空計劃下一步行動將在月球建立基地，並派遣探險
隊。艾森豪評俄月球火箭「向太空邁進一步」，使用中

程飛彈太空探險，美專家認為較俄落後一年。

1月5日　星期一
寒流侵襲本省

　　昨夜、今朝是本省最冷時間，一片隆冬景象。攝氏表在七、八度之間，阿里山已至一度。據今天中午氣象所說「還要冷三天，氣溫今晚還要下降」，明日可望好轉。這次應為北方一個強大寒流正緩緩南下。

　　我們曾在新疆迪化通常冷至零下廿度，非生火難以生活，此間今日的冷等于迪化暮春。大陸同胞正值嚴冬之際，不知如何度過飢寒，我們心中萬分同情，萬分不安。（今日注射賀而蒙）

1月6日　星期二

　　自蔣總統于十二月廿三日，在光復大陸設計委員會宣稱「不贊成修改憲，反對修改憲法」。中外人士紛紛推測，在當前確需要蔣總統繼續負責，但依法不能競選第三任總統。這是本黨一個很困難問題。

1月7日　星期三

一、上午十時參加中央第一〇九次會議，總裁親臨主持。聽取駐菲律賓大使陳之邁報告「關于菲律賓所提在菲逾期我國遊客遣配問題」。查菲律賓遊客約有二千七百人，根據菲國法律，遊客只能留居五十九天，此等遊客逾期已有八、九年之久者。此案中、菲兩國久未解決，有礙兩國邦交。我駐

菲大使陳之邁與菲政府一再交涉，已初步商定將
不良分子約二百人，令其離境赴台灣或港澳等
地。其餘二千五百人，應完成菲國手，然後再由
菲政府准其回菲，改變身分。中央常會經一小時
之討論，原則通過，技術上很多補充。

二、偕張壽賢弔唁陸軍上將楊愛源先生。楊（號星如）
山西五台人，享壽七十三歲，曾任國民黨中央執
行委員，察哈爾省政府主席等職，現任總統府戰
略顧問。

三、惟仁老太太今午後請曾醫量血壓，高一百九十，
低七十。

1 月 8 日　星期四

一、匪砲昨又狂射金門，多得三萬三千餘發，並有一匪
機盤旋指揮砲擊，顯示匪軍進行新的挑釁行動。
我金門砲兵揚威，毀匪砲十四門，並擊毀匪掩體
廿七座，正密切注意匪軍行動發展。

二、省民政廳長昨日在省議會宣佈，總統核定，今後徵
集役男僅限當年及齡役男，十九年次停徵，已入
營者提先退伍，各年次體位升等（原丙、丁等，現
復檢升為甲、乙者）役男暫緩徵集。此種辦法是
人民最所希望者，憑心而論，役政確未辦好。

1 月 9 日　星期五

法蘭西第五共和國戴高樂昨日就任總統，請全體法
國人民合作，保證將實施公眾利益所要求的事物。法蘭

西前途安危要看戴氏之應付，惟目前經濟情形，是法國
最困難問題。

1月10日　星期六

美總統艾森豪向國會提出國情咨文。美向盟國堅決
保證共同抵制共黨侵略，保持強大軍力始能避免大戰，
痛斥俄帝從來不守條約的義務。

1月11日　星期日
最冷一天

入冬以來為最冷一天。今晨台北市最低氣溫達攝氏
七點九度，阿里山冷到零下一度，全省各地氣溫普遍較
上週為低。

為佘公子其昌、李小姐桂香證婚

本日下午五時為佘公子、李小姐證婚。佘是佘凌雲
兄的兒子，李小姐是台灣人。禮堂設在中山堂光復廳，
賀客滿堂。

1月12日　星期一

上午八時參加陽明山實踐研究院總理紀念週，總裁
親臨主持。第八屆立法委員、第七屆監察委員、兩黨部
新選委員宣誓就職典禮，總裁訓話大意有：宣誓意義；
今年是多事之年，我們隨時可以反攻，只能成功，不能
退回；擬舉辦黨員總登記。

1月13日　星期二

一、惟仁老太太請曾醫量血壓，高一百六十，低六十。
　　這是今冬以來最標準一次，希望能以穩定下去，
　　勿再上漲。

二、參觀師範大學藝術系師生作品展覽，還是從本國
　　舊的道路追求，與近代科學作風相距太遠了。希
　　望改走新的科學道路，勿誤青年。

1月14日　星期三

　　上午十時參加中央常務委員會第一一一次會議，總
裁親臨主持。首由第二組副主任葉翔之報告一年來之大
陸工作，嗣又討論擬具本年元旦「總裁告軍民書研究與
實踐」。

1月15日　星期四

　　考試院莫院長德惠因疝氣，在台大醫院施行手術，
余于本日上午偕壽賢兄前往探視。據高大成院長云，莫
氏一般病況尚好，惟昨日血壓高至 220，低至 180，須
慢慢下降。

1月16日　星期五

　　立法院張院長道藩上午十時乘民航機飛馬尼拉，轉
赴澳洲，余偕壽賢兄及申叔前往機場送行。張氏此次赴
澳係探他的親屬（張夫人係法國人）。

1月17日　星期六
寒流入境奇冷逼人

　　台北市今日天氣雖晴，今晨氣溫最低溫度達攝氏三度，這是近五年來最低紀錄。台北近郊的七星山及大屯山均降到零度下，陽明山室內結冰達半寸許，于上午九時後始漸消融。

1月18日　星期日

　　【無記載】

1月19日　星期一

　　上午十時參加陽明山實踐研究院紀念週，總裁親臨主持，宣讀「怎樣養成黨政軍各部門領袖人才」小冊子。惟仁老太請曾醫量血壓，高一百八十，低七十。元月十九日午後三時。

下年度美國大預算

　　艾森豪總統向美國會提下年度預算，總數七百七十億美元，著重應付當前共黨威脅，內四百五十八億屬于防務費用。美主黨表示懷疑，共和黨則加讚揚。

1月20日　星期二
奚東曙（倫）來台灣

　　奚東曙掙脫魔掌，響往自由，于二十日上午十時飛返祖國懷抱。他深信匪偽政權敗亡拭目可待。我偕壽賢兄親往歡迎，其他各界前往歡迎約二百餘人。比即招待

記者，我亦簡單致詞。奚係四十六年自大陸逃港，擬
即來台，並由我于是年十二月十八日致函奚氏促其來台
（原函及經過情形，均載四十六年十二月十八日日記
內）。乃因事機不密，為匪所悉，未能行動，遲延一年
之久，始能恢復自由。奚現年六十四歲，安徽當塗人，
美國哈佛大學畢業，習銀行，曾任中國實業銀行總經
理，並曾隨我經印度去過西藏。嗣我任中孚銀行董事
長，奚任常務董事。奚是我合肥同鄉前輩段琪瑞老先生
女婿，彼此私人感情甚佳。奚在抗日期間，被選任歷屆
參政員繼續十年之久。上海陷匪後，中國實業銀行被匪
接管，奚氏被匪任為「公私合營銀行」副董事長。

　　晚六時卅分，由本黨主辦奚氏來台第六組陳主任建
中、副主任李白虹招待晚餐，約我作陪。奚表示在台住
一個時期。

1 月 21 日　星期三

　　上午十時參加中央常務委員會第一一三次會議，總
裁親臨主持。聽取第一組倪主任報告一年來組訓工作，
既有書面，再加以口頭詳細說明。該報告有精神、有內
容，經一小時又廿分報告完畢。陶、谷等常委先後發
言。鄭主任彥芬說知識青年黨部工作重要，八十名受訓
留學生，只有廿二人入黨，青年入黨情緒不濃厚。今年
畢業僑生六百人，只有九十人入黨，其他未入黨者回去
後，不會再入黨了。最後總裁指示其較重要者如後：
◎留學生與僑生黨員如此之少，就是黨無重點。
◎組織方面要注重青年。現在多出去一個留學生，也

就是丟了一個青年，要特別研究，提出具體辦法，
否則不准出去。

◎ 小組會議黨員要熱情發言，自我批評，每一個人都
要發言，此一次未及發言，留在下一次發言。

◎ 為什麼青年對黨不熱心。

◎ 小組長負責保舉人才，對每一個人都要有批評，分
出次序，尤其要認識人。

◎ 縣黨部以下各階層選舉前許多人加入，本黨過後退
出，這是不對的，很奇怪的。

◎ 我們的口號，消除地方派系，明年地方選舉是個問題。

◎ 五四運動，害了國家。

◎ 黨太無秘密，對家人父子亦不能說，否則不是黨員。

◎ 弄到敵我不分，最機密事，中央常會上午的事，下
午人家就知道了。

1月22日　星期四
李宗黃（伯英）先生七十大慶
　　李伯英老同志七十大壽，在中山堂光復廳設壽堂，
我于上午十時親往慶祝。伯英係雲南鶴慶縣人。

1月23日　星期五
　　【無記載】

1月24日　星期六
　　關于國民大會會所等四項問題，在去年年會前曾推
定莫德惠、谷正綱及我等九人協助進行。廿四日下午三

時在國民大會秘書處集會商討，我準時出席，經兩小時
研討，未得結論。

1 月 25 日至 27 日　星期日至二
【無記載】

1 月 28 日　星期三
一、上午十時參加中央第一一五次會議，聽第三組鄭
　　主任彥芬報告「海外黨務工作之檢討」，很有內
　　容，須待改進地方甚多。
二、下午四時出席中國銀行第四次董事會，討論有：
　　（1）奉行政院令，「中國即行復業，關于國際匯
　　　　兌，應以該行辦理為主」，擬于今秋復業，
　　　　增加行員卅餘人，暫用本行原地址。
　　（2）常務董事葉公超因事不克兼顧常董，擬請辭
　　　　職，予以照准。其遺常董缺，以霍保樹繼任。

1 月 29 日　星期四
　　惟仁老太太昨日請曾醫量血壓，高一百六十五，低
六十。惟腳腫，乃是心臟有問題。

1 月 30 日　星期五
一、午後三時主持紀律委員會第十六次會議，討論例案
　　數件。本會感覺困難甚多，但因職權限制，以及
　　本黨改造後的貫例，紀律會如同法院審判機關，
　　須有檢舉，然後受理審理審判。益以中央黨部幕

僚長是秘書長，而所有紀律會等單位皆屬于幕僚長之下，因此不能對外單獨行文，決不能如過去中央監察委員會，與中央常務委員會地位相等可比也。茲略其較大兩件事，例如過去立法院修改出版法，立委同志不聽黨的命令。又昨年十二月廿五日，總裁在國民大會年會聲明，代表本黨不修改憲法，並反對修改憲法，而本黨代表盡有主張修改憲法者。因與政治關連，紀律會未便執行黨紀，亦無人向中央檢舉者。一般同志往往指責紀律委員會，使本會深淺不得，輕重不得。在各種會議，張壽賢代表出席很多，他太苦了，我深感壽賢為我幫忙。

二、連日天氣轉熱，昨日（廿九）熱到卅七度，今日（卅）攝氏冷到十一度，相差十六度。驟變天氣使許多人都感到難以適應，我因受熱，身體很感不適，幾乎生病。

1月31日　星期六

下午五時出席小組會議，地點王同志雪艇公館，彼此同志交換時局意見。

2 月 1 日　星期日

上午九時半偕惟仁老太太到北投金幼洲兄家，訪問
伊夫婦。今日風和日麗，老太太精神愉快。

2 月 2 日　星期一

二月份聯合總理紀念週于本日上午九時在中山堂舉
行，由我擔任主席。由司法院謝院長冠生報告「司法工
作概要」，計分四大部份：（1）大法官會議；（2）最
高法院；（3）行政法院；（4）中央公務員懲戒委員會。
其結論，司法的使命，在主持正義、保障人權，與共匪
在大陸上暴政奴役的統治恰恰成為對照，實為心理上建
設重要一環。

2 月 3 日　星期二

司法院工作概要　謝冠生在聯合紀念週報告

中央社訊

中國國民黨中央委員會昨日上午九時在中山堂舉行
二月份聯告總理紀念週，由中央評議委員吳忠信主席，
司法院院長謝冠生以從政黨員身份報告「司法院工作概
要」，以下為該項報告的摘要：

憲法所賦予司法院的職權，大要可分為兩類：一屬
解釋性質，一屬審判性質。前者為憲法的解釋，及法律
命令的統一解釋。後者為民事刑事訴訟的審判，行政訴
訟的審判，公務員的懲戒。就其工作性質，設大法官會
議，最高法院、行政法院、公務員懲戒委員會，各司其
事，分述如下：

一、大法官會議，自四十一年四月在臺復會後，至四
　　十六年十月，計解釋憲法疑義二十三件，統一解
　　釋法令疑義五十四件。上年九月總統經監察院同
　　意，任命第二屆大法官十五人，現已集會多次，
　　議決憲法與法律解釋案各一件。舉例言之，關於
　　解釋憲法疑問者，如立法、監察委員任期屆滿，
　　若值國家發生重大變故，事實上不能辦理次屆選
　　舉，則在次屆委員未能依法選出集會前，應仍
　　繼續行使其職權。又如監察權行使範圍，以各級
　　公務人員為限，民意代表均非監察權行使對象，
　　關於統一解釋法令歧見者，如通常將女抱男之習
　　慣，其相互間原無生理上血統關係，自不受民法
　　禁婚限制，如被收養為子女後，而另行與養父母
　　之婚生子女結婚，自應先行終止收養關係，以免
　　在法律上具有雙重身分。又如主刑宣告緩刑之效
　　力，依司法院舊有解釋，雖及於從刑，惟參以刑
　　法各條所定，得專科沒收，與得單獨宣告沒收，
　　足證沒收雖原為從刑，但與主刑並非有必然牽連
　　關係。憲法與法律的解釋，常有看似簡單，而實
　　則非常複雜煩難者。雖一字一句之微，可能對其
　　他有關的法律或事實發生重大影響，往往反覆辨
　　難，歷久始決，以其關係甚鉅，自當慎重出之。
二、最高法院，最高法院為終審機關，採五人合議制，
　　在南京時，有民刑事庭共二十九，遷臺灣後，縮編
　　為六庭。自三十九年一月至四十七年十二月，九年
　　之間，共辦結民刑訴訟二五六七一件，其中屬於

民事者一萬四千五百餘件，刑事者一萬一千一百餘件。民事方面，以租賃與借貸為最多，買賣次之，地上權與所有權之訴又次之。刑事方面，以竊盜罪為最多，偽造文書與侵占次之，殺人又次之。最高法院在大陸時，頗有積案，近已完全矯正。院內訂有案件進行期間表，自行約束，每案自收至發（經過九種階段），以不超過三十一天為原則，試行多年，平均每件所需時間，不過二十六日。此外另有分案保密辦法，以抽籤方式，分配案件，在辦案未到最後階段，任何人皆無從知悉，係由何人承辦，以防萬一的流弊。法院辦案以妥速為上，上述兩項辦法，前者所以求速，後者所以求妥。

三、行政法院，其組織亦如最高法院，採五人合議制。原設兩庭，遷臺後逐漸增為三庭。截至四十七年年底止，九年之間，共辦結行政訴訟八七六件。日本原有行政裁判所，戰後始改歸普通法院受理，惟臺灣於日據時代，迄未施行此制，當行政法院遷臺之初，人民尚無此習慣，案件甚少，且常將民事訴訟案件，誤為行政訴訟，每以不合程序而被駁回。但近年來已日見進步，不僅行政訴訟的內容已多適合規定，其數量亦較前在大陸每年所收全國案件之平均數為多，且有逐年增高之勢。就所收案件之性質論，以屬於耕地之糾紛者居多，尤其自耕者有其田條例施行以後，所佔比例數字更大。此項土地改革政策，關係民生主義的實

行。以前裁判上又無例可援，自應出之以特別審
慎，以期國策得為正確而順利的執行。

四、公務員懲戒委員會，行憲以前，公務員的懲戒，
　　視其身分為選任官、政務官，中央公務員或地方
　　公務員，而定其受理之機關。至憲法實施，乃合
　　而為一，不復有官階大小，政務事務，中央地方
　　之別，歸屬於一個機關掌理。其案件來源，以監
　　察院所提彈劾案為主，亦有由中央或地方機關首
　　長直接移送懲戒者。每一案件，皆經委員十二人
　　會同審議決定。在字面上雖不用審判名稱，而實
　　際則純屬審判性質。法律規定委員依法審議懲戒
　　案件，不受任何干涉。自三十九年一月至四十七
　　年十二月止，共辦結懲戒案八百件，包括特簡薦
　　委各級人員。其中除因牽涉刑事，移送法院者
　　外，受最重之撤職處分者，凡一九〇人，受最輕
　　之申誡處分者一〇三人。至懲戒處分，最重至撤
　　職停止任用若干年為止，其認有犯罪嫌疑者，仍
　　應移送法院辦理，此點與美國參議院的處理懲戒
　　案件辦法，大致相同。

　　司法的使命，在主持正義，保障人權，與共匪在大
陸上暴政奴役的統治，恰恰成一對照，實為心理建設的
重要一環。司法人員自應以此自勉，還望社會各方，多
多協助鼓勵為幸。

2月4日　星期三

　　上午十時參加中央一一七次常務委員會議，由第六

組報告「俄共第二十一次代表大會之初步研判」。今日
常會由副總裁主席，有下面說話：共匪一定失敗，我們
不能在匪之先失敗；現在兵額六十七萬三千，將來只能
六十萬，本年要裁三萬人；老兵要退役（指內地老兵而
言）；兵役法要修改，以後兵員經常化，就是徵一個
年齡役男；當前財經問題在預算不平衡，不是金鈔有
問題。

2 月 5 日　星期四

下午三時安徽國民大會代表、立法委員、監察委員
茶會招待自大陸掙脫魔掌來自由祖國奚倫（東曙）先
生，推我主席，並簡單致辭。嗣由奚氏報告苦難同胞
情形，被共匪慘殺者不知許多千千萬萬，其生存者求
死不能。

2 月 6 日　星期五

共匪實施「人民公社」暴政。南斯拉夫共黨斥其為
武斷及官僚觀點造成。俄酋赫魯雪夫指其為反動，米高
揚（第二號俄酋）料其必敗。

2 月 7 日　星期六

今日係農曆除夕（乙丑月庚申日）。財政部長嚴家
淦在立法院報告，否認將發行新貨幣，並表示政府決不
使通貨澎脹。經濟部長楊繼增謂，目前紗布供過于求，
不致漲價。總之政府當前問題在財政經濟，倘此項問題
不能解決，則其他問題更無法解決了。

2月8日　星期日　己亥年元旦

　　清晨光叔兒與我一見面，就問我昨夜不斷的砲燭聲，為何今年春節較往年更加熱鬧。我答光兒：（1）幾千年人民習慣；（2）人民生活豐富；（3）台灣地方安定。從民國元年起，國家已改用公曆，但民間習俗不能扭轉過來，這幾年來春節熱鬧遠非國曆新年所能比擬。這幾年來本省經濟發展，國民生活直線提高，農曆春節的繁榮真是一年勝似一年，人心有點瀕于宴安逸樂，希望稍加抑制。台灣如同天堂，而隔海大陸如同地獄，我們澄清中原，尚需作更大努力。春節狂歡，究與我們處境不十分配合，如果我們不能將安全與康樂帶到整個大陸，則我們勢將無法長期享受，希望大家在康樂之中勿忘警覺。大陸強行「人民公社」，以父子、兄弟、夫婦都被拆散，還有什麼春節可言。

2月9日　星期一

　　彼此親朋雖說不往返拜年，但人情味難免，還有二百五十餘人到我家拜年，我亦應當有所表示。但以七十六歲老人精力，不能一一登門回拜，乃作三種辦法表示謝意：

一、對于年高德劭，以及在關係上不得不回拜者，共　廿餘家，余親自前往回拜。

二、比我年齡較輕者，以及不須我親自回拜者，一百　七十餘家，則由郵局寄一張恭賀春禧名片。

三、為我後輩等等五十餘人，既不登門，亦不寄賀片，　敬謹接受他們賀年誠意而已。

就是這樣處理，以使十分煩擾，所幸有刁抱石君幫忙繕寫。今年申叔在家過年，惟仁老太太非常歡喜。

蔣老太太跌傷左腿骨

我偕麗安、申叔、光叔于昨日（農曆元旦）為蔣老太太拜年。始知蔣老太于農曆除夕日在屋內行走，大意失足，跌斷左胯骨，臥床不起，正在延醫診治中。

2 月 10 日　星期二

下午七時參加合肥同鄉會團拜，地點在中山堂光復廳。因臨時落大雨，只到同鄉三百餘人，歡渡新春，並放電影助興。

2 月 11 日　星期三

上午十時參加中央常務會議第一一八次會議，第四組馬主任星野報告四十七年度「本黨宣傳工作概述及檢討」。因發言甚多，至十二時三十分散會。所說問題，都是一種老的問題，如人才、技術、思想、經費等等問題。陳副總裁最後說話，關于宣傳由各機關提出改進方案，不要悲觀，亦不要樂觀。不在乎錢夠不夠，不在乎表面有表現，要在有精神上表現，不怕不家批評。如政府每月賣黃金八千兩，現在有黃金十一萬兩，可以賣一年，人家批評賣黃金可以不理。出口報紙刊物，政府財政無論如何困難，都要設法幫忙。政府政策幫助一切出口事業，例如生產物品等等，以現在情形宣傳成果已可得到安慰，何況仍在求進步，值得佩服的。

2月12日　星期四

　　故友戴季陶（傳賢）同志十週年紀念日，本日午後三時在國際學舍舉行紀念儀式，計到親朋三百餘人，我偕申叔前往加。季陶學問、道德令人佩服，與我交誼素深，他已逝世十週年，而國事茫茫。吾人紀念戴先生，其感嘆非筆墨可以形容者也。

2月13日至14日　星期五至六

　　【無記載】

2月15日　星期日

一、今日居老太太（覺生夫人）三週年，在善導寺誦經，余偕惟仁老太太及申叔兒親到該寺敬禮。居老太太、蔣老太太、惟仁老太太，他們三人是結拜姐妹。現居逝世，蔣日前傷左腿，臥床不能起身，惟仁老太太最近身體較往年好轉，真是難得。

二、中午十二時應黃朝琴先生午餐，在座有嚴家幹、徐伯園、霍寶樹、陳長桐、奚倫、胡慶育、常文熙諸君。

三、餐後奚倫與我表示，他擬暫在台灣居住。將來如往美國，政府派他去亦可，他個人去辦國民外交亦可。又云他此次來台，應向總統表示敬意，要請第六組去請示。

2月16日　星期一

一、上午偕惟仁老太太請朱醫檢查血壓，高一百七十

五，低六十，脈博七十六跳，心臟亦與過去相同
沒有進步。其問題就是心臟。

二、午後偕麗看電影，順便至華美藥房請朱醫為麗安
診胃病。朱云不吃奶粉、水果等等，不久就可痊
愈。血壓高一百廿，低七十。

三、我今日上午，請朱量血壓，高一百二十，低六十。

2 月 17 日　星期二
【無記載】

2 月 18 日　星期三

　　上午十時參加中央常務會議，聽取第五組上官主任
報告「一年來本黨民運工作的概述及檢討」。其結論，
對今後民運工作四種做法：（1）要花錢的事少做，不花
錢的事多做；（2）聯繫配合政府的多做，本黨出面的事
少做；（3）平時例行的事少做，有關戰時與動員的事多
做；（4）有關民眾生活與便民的事多做，無關的少做。
這四種做法非常適當，如能切實去做，則收效必大。因
發言者多，且超出本報告範圍以外發言，至十二時五十
分才宣告散會，時間未免太長。

2 月 19 日　星期四

　　下午六時石季玉女士招待余晚餐，在座有金幼洲、
吳兆棠、戴仲玉、張仲良諸君。石女士係安徽合肥人，
安徽大學畢業，現任省立第二女子中學校長，該校有學
生三千多人。

2月20日　星期五

【無記載】

2月21日　星期六

交通銀行董事長趙志垚先生，因申叔回國表示歡迎之意，特于本日午後六時約我與申叔晚餐，至深感謝。在座有崇年、壽賢，其餘是趙夫人及其公子等。

2月22日　星期日

一、今日係元宵佳節，夜間各處鞭砲震耳，熱鬧異常，家家戶戶都圍聚吃元宵。惟因整天落雨，不能大放花燈，殊為可惜。

二、陳光甫兄本日午後三時十五分，由香港飛抵抵台北，我偕壽賢、申叔前往歡迎。光甫此次來台係出席開發公司會議，嚴財政部長等均到機場歡迎。上海銀行擬投資該公司美金二十萬元，光甫係以上海行董事長資格出席會議者。

2月23日　星期一

上午十時參加總統府二月份國父紀念月會，總統親臨主持。新任國防部副部長梁序昭、聯勤總司令馬紀壯、海軍總司令黎玉璽在紀念月會中宣誓，總統監誓。總統訓示，首先指出三位正副首長都是海軍高級將領，此次給予任務非常重大，特別指出在去年金門戰役，海軍陸戰隊和海軍艦艇表現了大無畏精神，突破了奸匪封鎖，尤其難能可貴。

2 月 24 日　星期二

一、故友洪蘭友兄夫人自蘭友兄去世後，即移居新莊
　　鎮女婿陸家驊家中。本日上午特偕張壽賢兄前往
　　新莊慰問洪夫人，並就近參觀綸祥紡織廠。該廠
　　很有基礎，乃因用人未妥，致遭失敗。

二、本日午後請同鄉馬壽華先生來家參觀申叔返國後
　　繪畫，馬稱較出國前大有進步，面目改觀。

三、午後六時半邵華、端木二人在邵家招待我晚餐，
　　計二席，在座都是同鄉。

2 月 25 日　星期三

塞浦路斯島宣告獨立

　　大英帝國統制八十一年塞浦路斯島建立共和國。
英、土、希三國簽定，塞島享有獨立主權，不與希、土
合併，英仍保留島上之防衛基地。塞島面積僅三千五百
七十二方哩，人口也只有五十三萬，希臘認為百分八十
是希臘人。

　　塞浦路斯共和國將于一年內成立，由居民普選一個
希臘籍的總統、土耳其籍副總統，任期五年。總統、副
總統對內閣或國會的決議，都有最後否決權。普選國會
為立法機關，議員席次分配，希臘居民佔百分之七十，
土爾其佔百分之三十。

　　此乃世界上大事，使英、土、希三國鬥爭，予以
停止。

2月26日　星期四

一、光甫兄招待我與申叔午餐，他表示對于開發公只
　　能擔任董事，不願擔任董事長，擬明日赴台中參
　　觀故宮博物院古物後回香港。

二、偕麗安于晚七時觀海軍劇隊平劇。

2月27日　星期五

一、立法委員馬曉軍先生于廿三日晚坐在三輪車上，
　　和美國軍事援華顧問團上士羅德斯駕駛汽車相撞
　　喪命，同時馬夫人頭部和肩骨都受了傷。美國駐
　　華大使莊萊德及美國代理國務卿赫特曾先後致函
　　立法院表示弔唁，並由中美雙方調查此案責任。
　　今日（二十七）上午九時馬委員大殮，我偕張壽賢
　　兄前往弔唁。馬委員廣西人，日本士官學校畢業，
　　享壽七十七歲。

二、今日下午三時，國民大會主席團九人小組為同仁住
　　屋及國大聯誼會會址事舉行會議。我因與紀律委
　　員會開會時間衝突，特先請假。

三、下午三時紀律委員會開會，通過例案多件。

四、下午四時出席黨的小組會議，地點何敬之家中。交
　　換國際當前形勢，認為冷戰較前緊張。

五、奚東曙兄來訪，留午飯。他談到大陸人民過的牛馬
　　與地獄的生活。

2月28日　星期六

　　【無記載】

3月1日　星期日

　　台北市去年底人口數八十一萬三千餘，男多于女，相差六萬餘人。

3月2日　星期一

一、今日農曆正月廿三日，係申叔滿廿七歲生日。快至卅而立之年，作畫雖有進步，其生活方式不能改進，則其前途未可樂觀。

二、中午十二時卅分，陳副總統宴請陳光甫兄，約我與俞鴻鈞、嚴家幹、張岳軍、徐伯源、尹仲榮、霍寶樹、楊繼增等作陪。

三、上午九時至中山堂出席三月份聯合總理紀念週，立法院黃副院長報告司法工作概要。

3月3日　星期二

　　下午五時參加裕台公司第八屆第四次董事會議：（1）業務檢討報告；（2）擬將資本額增加新台幣壹百五十萬元，連原有資本共為貳百萬元；（3）投資事業業務概況報告，一般都有進步，尤以李崇年經辦之裕豐紗廠收獲最大。

3月4日　星期三

一、上午十時參加中央常務會議，總裁主席，第六組陳建中同志報告「四十七年本黨對敵鬥爭工作概況檢討」，十二時散會。

二、關于國民大會聯誼會辦公房屋，以及尚有一部份

國大代表住屋等事，曾經推定九人小組向行政院
磋商。本日中午十二時半，我們九人小組假信義
路二段一六八巷六號沁園，招待行政院副院長王
雲武、行政院新舊兩位秘書長陳雪屏、陳慶瑜、
內政部長田炯錦午餐。商討，其結果：（1）聯誼會
房屋，撥公有房屋，否則出資另租；（2）部份國
大代表尚無住屋，照過去例補辦。附九人小組姓
名，計有莫德惠、吳忠信、何應欽、曾寶蓀、朱
家驊、谷正綱、富聖廉、黃季陸、郭驥。

三、下午六時至台灣銀行出席中央銀行理監事聯席會
議，討論上年度決算案。又研究中央銀行復業辦
法，未得決定，繼續研究。散會後聚餐。

3月5日　星期四

上午到陸軍總醫院看海軍宿將沈鴻烈先生病。他病
在心臟，住院經年，而年歲已大（七十八），不易復原。

3月6日　星期五

惟仁老太太本日上午請曾醫量血壓，高一百八十，
低六十。惟雙足微腫，還是病在心臟，血壓次之。

3月7日　星期六

一、今為農曆正月廿八日，係故友洪蘭友兄冥壽，余偕
壽賢兄前往蘭友墓地致敬。其墳墓建築工程堅固而
美觀，蘭友夫人及其男女公子，都在墳地照料。

二、下午六時，同鄉金幼洲、黃伯度、陳鐵、楊亮功、

馬壽華、張目寒、劉啟瑞諸君招待余等同鄉晚餐，
計二席，地點中正路一六九四號監察院大禮堂。

3月8日　星期日

故友曹纕蘅先生女公子蘭徵小姐由台南來見，係為
其夫君張孝頤鹽廠事，請我幫忙。當即允予照辦，並留
午飯。

3月9日　星期一

一、上午到桃園看蔣老太太病，其左腿斷骨，經骨科
　　診治，已日有進步。

二、到中心診所看錢大鈞（慕尹）病，他病在尿道，經
　　施行手術，情況尚好。

3月10日　星期二

昨日約旦國王胡笙抵華訪問，總統親臨機場歡迎國
賓，場面非常偉大。

3月11日　星期三

上午十時參加第一二三次常會，總裁主席。婦女會
錢主任報告「四十七年度婦女工作概況檢討」，其結論
在光明一方，應該做的已經做了，不能做的是人力、財
力不夠。在黑暗一方，不能解決是養女與妓女問題，養
女有十八萬九千多人，內有三萬人，多在困苦中求生。
最後又說，在縣市長及議會選舉，婦女是勝利的，其投
票約在百分之五十至六十。谷委員鳳翔說，發動家庭幸

福教育、子女教育，現在家庭大半男怕太太，太太怕兒子，弄到青年失教。鄭委員說，我們的目的要優秀婦女都是黨員，更要注意中小學女教員與大專學校女生。總裁指示如下：

◎ 對共匪鬥爭、反攻大陸、婦女工作重要。

◎ 三八婦女節，共匪大收女黨員，浙江一省婦女占百分之廿八。

◎ 共匪中級幹部下放，係控制「人民公社」。

◎ 共匪軍官均須入伍再當一個月兵士，這個方法不會成功的。

◎ 共匪利用婦女生產，及監視家庭。

◎ 我們的目標是「人民公社」、「保衛倫理」、「恢復家庭」。

◎ 對于青年男女榮譽、福利、權利要注意。

◎ 恢復黨員留學制度，多派優秀黨員出洋留學，尤其多派女子，先預定每年十名。

◎ 往往看一個婦女背一小孩、攜一小孩、抱一小孩，步行一、二十華里，實在艱苦，民眾服務站要幫助。

◎ 郵電交通等機關要多用女子。

◎ 研究民意機關婦女組織黨團。

至十二時廿五分散會。

3月12日　星期四

一、本日為中央日報創刊三十週年紀念日，下午三時在光復廳舉行酒會，並展覽大陸共匪「人民公社」照片，我親往慶賀。

二、光甫先生本晚七時招待上海銀行董事及旅行社董
　　事晚餐，我準時前往參加，光甫擬日間回香港。

3 月 13 日　星期五

　　老同志邱于寄先生于三月十日病逝，享壽八十歲。
本日（十三）上午在極樂殯儀館舉行公祭，下午大殮、
火葬，我與張壽賢于上午前往弔唁。邱先生福建福州
人，身後蕭條，余請中央黨部送奠儀台幣五千元，余個
人送五百元。

3 月 14 日　星期六

一、上午十時參加總統府三月份國父紀念月會，總統
　　親臨主持，農業復興委員會主任委員蔣夢麟報告
　　「政府在台十年的農業建設工作及其影響」。
二、晚六時同鄉方治、郭寄嶠、張宗良、趙執中、溫
　　廣彝、路鵬六人招待晚餐，計兩席，乃同鄉春酒
　　聯歡。

3 月 15 日至 20 日　星期日至五

　　【無記載】

3 月 21 日　星期六

一、昨年八月廿三日金門砲戰，殉職趙家驤、吉星
　　文、章傑三位副司令，總統明令襃揚，並定廿八
　　日公祭。趙、吉兩中將追晉陸軍上將，章少將追
　　晉空軍中將。

二、王立法委員招待于右老午餐，約我與端木鑄秋夫
　　婦、王新衡、邵幼軒、彭醇士、于望德、程滄
　　波、申叔等作陪。

3月22日　星期日

西藏抗暴

　　連日來自新德里、加爾各答、加侖堡等地消息，西
藏抗暴戰事擴大，江孜已在藏人手中。康巴族宣稱殺死
匪軍已有五萬人，西藏電訊已經斷絕。匪圖挾制西藏精
神領袖達賴，以平息抗暴藏民。西藏人口無精確統計，
一般認為一百卅萬或一百四十萬，東西最廣處二千三百
里，南北最長處一千三百里，面積約二百卅萬方里。共
匪的勝敗，完全在後方運輸，尤其是空運，否則一定失
敗。倘共匪勝，印度受威脅。

3月23日　星期一

一、惟仁老太太請曾醫量血壓，高一百九十，低七十。
二、上海銀行總經理徐謝康今晨飛香港，余偕壽賢兄
　　到機場送行。

3月24日　星期二

一、立法委員佘凌雲、吳鑄人、范苑聲及石門水庫建
　　設委員會徐鼐等四人，于下午六時半假交通部招
　　待所約我與胡適之、陸心亘、金幼洲等晚餐，係
　　新春聚餐之意。
二、偕金幼洲到中華路介壽堂，參加心戰工作會議秘

書處晚會，舉行平劇，至十一半散會。

三、惟仁老太太請曾醫量壓，高一百五十五，低七十，
　　這是惟仁老太太今年以來高血壓最低一次。

3 月 25 日　星期三

　　上午十時參加中央常務會議第一二七次會議，總裁
主席。研究關于策應西藏抗暴運動，發言者甚多，意見
很不一致，其原因都是缺乏當前西藏資料，惟支援抗暴
是一致的。總裁詢余意見，余主張支援抗暴應採極積態
度，發表政策申明，尚須加以考慮。其結論，由副總裁
與幾位常委從速研討。關于此案研討約二小時之久。

3 月 26 日　星期四

余七十六歲生日

　　今日係陰曆二月十八日，余七十六歲生日。年齒徒
增，歲月虛過。余為安靜一日，特于上午偕惟仁老太太
到北投同鄉老同志金幼洲兄家中休息。承他夫婦二人招
待，並與幼洲談民國七年在福建作戰經過，及最近余將
寫成一萬數千字民七回憶，請幼洲修正。世事滄桑，不
堪回首。

　　先父母生死日期書于後。父生于道光廿八年正月
十七日寅時，歿于光緒十一年三月初九日寅時。母生于
道光廿八年十一月廿三日丑時，歿于光緒十六年三月廿
六日亥時。父歿余一歲零二十一天。母歿余六歲零二十
八天。

3月27日　星期五

一、蔣總統昨日發表告藏胞書，略謂藏胞奮起反共抗
　　暴，政府正予有效援助，號召海內外同胞一致積
　　極支援。「西藏未來的政治制度與政治地位，一俟
　　摧毀匪偽政權之後，西藏人民能自由表示其意志
　　之時，我政府當本其民族自決之原則，達成你們
　　的願望。」蔣總統申明在民族政策上有其劃時代
　　的重大意義。

二、下午三時主持紀律委員會第十八次會議，此次議
　　案為最少之一次。

三、報業公會成立十年紀念，在中山堂舉行酒會，時
　　間下午四時至五時半，余往慶賀。

3月28日　星期六

曾伯雄老弟三週年

　　伯雄老弟于民四十五年三月廿八日（即陰曆丙申年
二月十七日）逝世，今日係四十八年三月廿八日（即陰
曆二月廿日），正是伯雄逝世三整年，余于午後三時偕
麗安、申叔、光叔前往墓地祭掃。

金門砲戰三位副司令殉職追悼會

　　昨年八月二十三金門砲戰，陸軍中將（追晉二級上
將）吉星文將軍、陸軍中將（追晉二級上將）趙家驤將
軍、空軍少將（追晉中將）章傑將軍，于砲戰鬥始時三
位防衛司令官，奮勇捐軀，克盡厥職。本日（廿八日）
舉行追悼大會，余于上午九時前往敬禮。

3 月 29 日　星期日

西藏抗暴近情

周匪恩來證實達賴脫離魔掌，領導抗暴戰爭。共匪解散西藏政府，派傀儡班禪維持殘局。匪供認拉薩激戰兩天，城內血流城河。

西藏代表團抵印度，要求協助反共戰爭。藏胞控制四分之一地區，曾斃匪軍二千三百人。

共匪已無法隱瞞，招認抗暴規模大，西藏軍政界都反共。西藏地理環境，利于長期抗暴，荒寒高原，匪難多駐軍，交通艱險，藏胞易突襲。為維持政教體制，藏胞將反共到底。班禪無法代替達賴，藏胞將追隨達賴反共。共匪部署西藏以侵印為目標，印人同情反共，印政府畏縮怕事。

印度總理尼赫魯在印國會談話，同情藏人抗暴，堅決拒絕共匪所提蠻橫指責，表示藏人可依正常程序入印。尼赫魯又說來自拉薩情報，已顯示對佛教曾作重大之破壞，並有許多古時的典籍失掉或破壞。

印人遊行示威，抗議匪在西藏暴行。印報要求政府重估外交政策，不滿印政府對藏局態度，要求指責共匪壓迫藏人。

俄報報導西藏抗暴運動

真理報說，西藏的反抗份子仍在西藏的偏遠地區，堅守抵抗。又說這批暴徒武裝冒險，顯然已經完全失敗。西藏一百廿萬人之中，只有兩萬人參加暴動，中共俘虜反抗份子四千人、步槍八千支，以及其他勝利品。

3 月 30 日　星期一

一、惟仁老太太請曾醫量血壓，高 180，低七十。

二、我政府積極援助西藏抗暴，世界輿論一致譴責匪
　　在西藏暴行。

三、孫義宣世兄令尊兆祿先生在原籍壽終，本日在善
　　導誦經，余往弔唁。

3 月 31 日　星期二

　　【無記載】

4月1日　星期三

午後偕麗安看蔣老太太，他左股骨傷部份日有進步，不日或可起床。

4月2日　星期四

同鄉孫雨航同志今日七十大慶，在中山堂中興室設壽堂，余親往慶祝。孫係霍山人。

人情大似債

近年來物價高漲，生活日在困苦中。余家來台十年，已至破落戶階段，但外人不知，所以婚喪應酬亦如往昔。最近一個月，送禮費用儘用去台幣一千元。計老同志邱于寄先生身後蕭條，送奠儀五百元。姚琮、孫雨航兩位七十大慶，各送二百元（共四百元）。蓋姚、孫、邱三君都是素有往來，在人情方面不得不如此。又光叔同學袁君結婚，賀儀一百元，共一千元。

4月3日　星期五

惟仁老太太請朱醫診治，高血壓 150，低 80，為從少有平妥血壓，惟心臟尚有問題。我的血壓高一百二十，低七十，極正常。

4月4日　星期六

我國駐聯合國常任代表蔣廷黻先生日前回國述職，本日下午過訪，暢談西藏抗暴情形。他認為達賴抵印度，印、匪間面臨考驗。

達賴安全進入印度

達賴于三月十七日自拉薩夏宮逃出，經過最崎嶇地區，于上月卅一日至印度阿薩密省北面多旺村。這一條路是印度阿薩密省與拉薩間的商路，按我國地圖，多旺均仍在藏境。多旺距加爾各答約五百哩，多旺有一坐印度最大佛教寺。印度總理尼赫魯宣稱決予達賴庇護，並聲稱保證達賴受到優厚待遇。因印度庇護達賴，共匪與印度間一向很親密，關係將趨惡化。

西藏一位高級官員魯庸娃說，西藏目前在印度只有一個合法政府，將要印度政府承認達賴永遠為西藏宗教及政治領袖。尼赫魯曾宣稱西藏抗暴乃是內政問題，又說不允許印度被難民利用作宣傳基地，或任何其他反中共基地。

中共企圖侵略印度，然後侵略亞洲，如果西藏為其確實統制，那就是打開印度與亞洲門戶。

達賴坐床大典是中華民國政府特派余親往拉薩主持者，此次逃亡，余在公在私，對于達賴無限關懷。現在既已安全進入印度，余十分快慰，全世界佛教信徒更歡喜若狂，我們為達賴祝福。

4月5日　星期日

中午十二時魯蕩平先生約午餐，在座有于右老、賈煜老、朱騮先、張厲生夫婦、何敬之夫婦。

4月6日　星期一

歷史博物館展覽西藏文物，余于上午偕張壽賢前往

參觀，內有余廿九年在藏辦理達賴座床大典各種照片約
五十張。余又將達賴贈余長壽古佛、達父親贈余釋迦古
佛、熱振贈格登確典塔，以及余最寶貴恕庵禮佛圖手卷
（內有西藏文獻）一併送該館參加展覽。

4 月 7 日　星期二
【無記載】

4 月 8 日　星期三
上午十時參加中央常會第一二八次會議，由第六組
報告「西藏反共情勢的分析與我們應有之認識」。

4 月 9 日　星期四
【無記載】

4 月 10 日　星期五
日王儲與平民結婚

日本王儲明仁和平民正田美子小姐結婚。此椿婚事
將使一個平民女子，第一次成為日本王室兩千六百十九
年歷史上的日本皇后。打破此種歷史傳統，乃是人類進
化促成者，亦是日皇室最明智之舉，更是民主象徵。

4 月 11 日　星期六
一、上午九時到極樂殯儀館弔唁黃幹臣先生（名庭
　　楨），係黃仁霖兄的父親。幹臣先生一向在交通
　　界服務，享壽八十二歲。

二、上午十時參加總統府四月份國父紀念月會，總統
　　親臨主持，並監誓張厲生等宣誓典禮。宣誓人有
　　駐日本大使張厲生、駐西班牙大使沈昌煥、大法
　　官黃正銘、諸葛魯、外交部政務次長周書楷、海
　　軍副總司令曹仲周等。總統即席訓話，各員應負
　　責、盡職、研究、合作，總統致訓後由外交部長
　　黃少谷報告最近數月來國際局勢。

三、中午十二時半上海銀行董事會在圓山飯店，招待
　　上海銀行在美國一位負責人美國人勞海夫婦午
　　餐。這是余來台十年第一次與美國人見面，因余
　　不通外語，且亦無與外國人見面之必要也。午後
　　上海銀行即就圓山飯店舉行董事會議，因董事長
　　陳光甫兄現在香港，特來函託余代為主席。討論
　　本行參加開發公司股本貳拾萬美元事（約合台幣
　　一千萬元），一致通過，甚為圓滿。光甫兄決定
　　從緩建造北投公寓，而集資支持開發公司，為人
　　民謀福利，深以為佩。

4月12日　星期日

一、上午九時參加中國孔學會成立大會，開會地點台
　　北市大龍峒孔子廟。孔學會以恢宏民族固有道
　　德，適合當前之需要。

二、午後三時參加吳氏宗親會春季祭祖大典，此種追遠
　　與合群精神，當前社會非常需要，應該加以弘揚。

4 月 13 日　星期一

余家工友老曹因患胃痛入台大醫院診治，昨夜忽得醫院電話，病勢大變，非常危險，必須立即開刀。因在夜間諸多不便，尤其開刀需要各種費用五千元，無法籌措，即由張壽賢電該院高院長先行開刀。經二小時之久，開刀手術完成，經過情形良好。開刀時由范福泉、何景明二人從旁照料，整個胃去了三分之二。

4 月 14 日　星期二

午後七時假航聯產物保險公司，設宴歡送新任駐日本張大使厲生、駐西班牙沈大使昌煥，並約本會委員何雪竹、馬超俊、謝冠生、錢公萊、王子弦、張壽賢，以財政部次長周宏濤等作陪。賓主盡歡而散。

4 月 15 日　星期三

國防研究院第一期研究員于本日上午十時，在陽明山革命實踐研究院大禮堂舉行開學典禮。蔣總統親臨主持，並訓話，大意國防研究院是研究政治、經濟、文化、軍事總體戰，是研究政略、戰略總目標，要政治家懂軍事，軍事家懂政治，這是美國最新思想云云。

國防研究院隸屬總統府

國防研究院是一個新設立訓練高級機關，其地位與我最高學術機關中央研究院平行，院長一職由蔣總統兼任，負實際責任是主任張其昀。

國防研究院與國防大學名稱雖很相似，但性質迥然

不同。國防研究院的使命是為國軍培植高級將領，而國
防研究院任務是訓練高級黨、政、軍領袖人才，授以軍
事、行政、外交等方面最新學識。第一期調訓文官三十
人、武官二十人，共僅五十人，授訓期為八個月。

4月16日　星期四
【無記載】

4月17日　星期五
一、今日係農曆三月初十日，考試院莫院長德惠華
　　誕。余偕壽賢兄前往考試院為莫氏慶祝，莫氏出
　　外避壽。
二、于右任老同志農曆三月廿日八十晉一華誕，李子寬
　　兄本日（十七）中午在善導寺設素席招待右老，約
　　我作陪。

4月18日　星期六
西藏抗暴運動前途及政府應取態度
甲、過去事例
　　一、遜清宣統元年，第十三輩達賴曾因反清革去
　　　　名號，南走印度，受英優遇。
　　二、辛亥革命事起，第十三輩達賴于民國元年回
　　　　藏，乘機宣佈獨立。
乙、現在情勢
　　一、共匪以中國主權的資態，侵入西藏而控制西
　　　　藏，威脅印度。

二、第十四輩達賴為反抗共匪忽視西藏自治暴政，于拉薩之戰發生後，南走印度，受印度政治庇護。對中華民國雖有感情，但現在無法表現。

三、西藏抗暴之領導人士，企圖以否定中國在西藏主權的方法，澈底擺脫共匪羈絆，提出獨立自治等口號。第十四輩達賴聲明，只說中國在藏有時有宗主權。

四、印度仍然仰英國人鼻息（印度雖獨立，經濟仍在英人手中），表面上怕得罪共匪，骨子裡卻利用達賴，支持抗暴，維持其自治，企圖其北境安全的屏障。

丙、將來可能趨勢

一、西藏抗暴為整個大陸反共革命一環，其成功失敗都與大陸革命相連帶。西藏欲求單獨成功，事非可能。

二、如大陸反共革命的行動遲遲，則西藏抗暴在共匪軟硬兼施的策略下，將遭受相當挫折。

三、如大陸反共革命迅速完成，在共匪失敗而我政府方在忙于內地各省重建工作，西藏恐難免一段獨立自治時期。

四、將來只要我政府有辦法，西藏終必悅服歸來。

丁、我政府當前應取之態度

一、以總統三月廿六日文告為準則（已載三月廿七日日記中，可查考）。因為現在既不宜過分強調主權，俾免無形中有利共匪，而刺激西藏抗暴領導人士，亦不可即認其獨立自治為

合理，以免有違憲法之規定。

二、以漢、滿、蒙、回、藏五族一家，整個中華
民族利害一致、禍福相同，反共抗暴的成敗
相互連帶為宣傳目標。

三、以共同反共立場，以發揮五族一家及同胞愛
的精神，就我政府現在力之所能，對西藏抗
暴運動給予有效的援助。

四、在國際間爭取東南亞，尤其是印度的外交，
在大陸上策動各民族、各階層的反共革命，
又是從外圍支援西藏最重要的辦法，也是我
光復大陸，消滅匪偽的重要步驟。

附註：西康金沙江以西藏族接近西藏，而金沙江以東及
安多區藏族接近內地，似應分別運用。

達賴喇嘛聲明全文
美聯社印度澤普十八日電

達賴喇嘛的發言人今天在此間發表一項聲明，全文
如下：

「大家一向認為藏人與漢人不同，藏人在歷史上一
向有強烈的獨立願望，並且曾多次表達出這種願望。

有時中國以他們的宗主權加予西藏，有時西藏有如
一個獨一國。

無論如何，在任何時候中國雖以宗主權加予西藏，
西藏均依舊自治，控制其自己的內政。

一九五一年在中共政權的壓力下，中共與西藏之間
成立一個十七點協議，這個協議中接受了中國的宗主

權，因為捨此之外藏人沒有第二條路。

　　但是即使在此協議中仍規定西藏有充份的自治，雖然外交的控制在中共政權手中，但經協議中共政權不干涉西藏的宗教和習俗，也不干涉西藏的內部行政。

　　事實上，在中共軍隊佔領西藏後，西藏政府甚至在內政上也沒有任何自治，而是由中共政權在西藏事務上行使充份的權力。

　　一九五六年在西藏成立一個籌備委員會，由達賴喇嘛擔任主任委員，班禪喇嘛任副主任委員，張國華是中共的代表。

　　在實際上，甚至這個機構也沒有什麼權力，一切重要問題皆由中共當局決定。

　　達賴喇嘛和他的政府曾盡力遵守十七點協議，但中共當局的干涉依舊。

　　一九五五年底反抗運動開始於西康省，一九五六年達到嚴重的程度。

　　在以後的反抗運動中，中共軍隊摧毀了許多寺廟，許多喇嘛被殺害，許多僧侶和官員被解往做築路工作，對宗教自由的干涉也為之增加。

　　西藏與中共的關係自從一九五九年二月初開始變為公開的緊張，達賴喇嘛在一個月前同意前往中共總部看戲，日期突經決定為三月十日。

　　拉薩人民憂慮可能對達賴不利，因此約有一萬民眾聚集在他的夏宮諾布林卡周圍，阻止達賴喇嘛去看戲。

　　隨後民眾決定成立衛隊保護達賴喇嘛。

　　大群藏人在拉薩街頭示威反對在西藏的中共軍隊，

兩天後，數千西藏婦女示威向中共當局提出抗議。

儘管這種民眾的示威，達拉喇嘛和他的政府仍致力
與中共維持友好關係，並試圖與中共代表談判如何達成
西藏的和平及平息民眾的不安。

當談判在進行時，援軍到達加強在拉薩及西藏的中
共駐軍力量，三月十七日，兩三枚迫擊砲砲彈朝向諾布
林夏宮發射。

所幸砲彈落在附近的一個池塘，在此事情發生後，
顧問們注意到對於達賴喇嘛本人的危險，並且在這種困
難的情況下，達賴和他的家人，以及他的高級官員，實
有離開拉薩的迫切必要。

達賴願鄭重聲明他的離開西藏及來到印度是出於他
自己的自由意志，不是被劫持。是由於他的人民忠誠和
熱情的擁護，達賴才能經過一條相當崎嶇的路線出走。
達賴喇嘛所經過的路線包括渡過基初河及雅魯藏布江，
通過洛卡區、雅隆谷及左納宗，抵達印度邊界朱唐穆附
近的甘茨馬尼。

一九五九年三月二十九日，達賴喇嘛派了代表兩
名越過印藏邊界，要求印度允許進入印度和在印度謀
取庇護。

達賴喇嘛對印度人民和政府自發式的和慷慨的歡迎
和予他及隨從人員以庇護，極為感激。

印度和西藏一千年來即有宗教、文化和貿易關係，
對西藏人而言，印度一向便是開明的國土，我佛即誕生
於此。

達賴喇嘛對於尼赫魯總理和印度政府中他的同僚，

於其安全抵達印度時所發出的慈愛的歡迎函電，深為感動。達賴喇嘛已寄出答謝函。

自從達賴喇嘛於朱唐穆附近的甘茨馬尼進入印度時，他曾受到東北邊疆局卡孟邊疆分局人民所表達的尊敬和款待，達賴喇嘛願意聲明，駐在該地的印度政府官員曾盡一切努力，使他在這個管理極良好的印度地區逗留和路過時，盡可能地感到舒適。

達賴喇嘛現在將前往墨蘇里，他希望在未來數日內可抵達。

達賴喇嘛將考慮他的未來計劃，如有必要，一俟他有機會休息和追憶最近事項時，即將把他的計劃表達出來。

他的國家（西藏）和人民已度過一個極端艱難的時期，目前達賴喇嘛所欲聲明的，是表達他對已席捲西藏的悲劇的遺憾，和熱切希望這些困難將在不致再流血的情形下早日消逝。

作為達賴喇嘛和西藏全體佛教徒的精神領袖，他最大的關切，是他的人民的福利，和確使他的神聖的宗教以及他國家的自由，能永久繁昌。

達賴喇嘛於再度為安全抵印而表示謝意之際，他願借此機會對印度和國外所有的朋友，關切他的人士，和信徒們向他所發出的同情和關心的函電，表示衷心的感激。」

4 月 19 日　星期日
【無記載】

4月20日　星期一
【無記載】

4月21日　星期二
預祝于右老八十晉一誕辰

　　于右老農曆三月二十日八十晉一生日，本晚設宴為之預祝，並約右老的老友劉侯武、李崇實及顧墨三、張壽賢，以及于望德、吳幼林、陳惠夫、居浩然、蔣緯國、吳申叔六位公子作陪。

4月22日　星期三
　　秘書處報告「關于兵役法修正案」，其中最重要點，志願兵服役「至多以五年為限」等數語，關係非常重要。此等三十三萬志願老兵都是由大陸撤退來台，是當前軍中骨幹，三十三萬中士官佔二十五萬，更是骨幹中之骨幹。經三小時之研究，歸納有三點顧慮：（1）不動法律基本；（2）不妨害國防需要；（3）部分退役就業計劃，緩退役者從優待遇。這件事關係太大了，稍一不慎，問題叢生。因此本案未作決定，必須先得立法院諒解合作，慎重處理。總之從大陸來台老兵隨歲月之演進而日趨嚴重，一時權宜，終非久計，應早作深遠考慮，以求根本解決（現在海陸空三軍約六十萬人）。勿蹈過去社會上一種流言，「內地人來台灣十年黃金繳械，二十年武裝繳械」，這個流言漸成事實。現已屆十年，內地人在台大多數生活已經困苦，絕非十年前初來台時可以相比者。現在距二十年很遠，而內地來台老兵年齡

已三十開外矣。吾人應籌返回大陸積極努力。

4 月 23 日　星期四

安徽省國民大會代表聯誼會本日午後三時舉行座談會，研究「現行憲法應否修改問題」，這是全國聯誼會徵求本省國大聯誼意見者，此案關係非常重大。經三小時之研究，一致擁護蔣總統連任第三任總統，主張修憲，其方法很多不同意見。

4 月 24 日　星期五

下午三時主持紀律委員會第十九次會議，通過例案數件。此次會案件很少，很快散會。

4 月 25 日　星期六

顧墨三兄繼母劉太夫人于四月廿三日壽終，享壽七十八歲。本日設奠，余于上午十時前往弔唁。吾人抵台已滿十年。

4 月 26 日　星期日

【無記載】

4 月 27 日　星期一

于右老八十晉一誕辰

余于上午九時半偕申叔、光叔兩兄到于府為右老祝壽，右老身體仍極健康，精神尤為暢旺。自晨至晚，往于府祝壽達千餘人。

匪二屆「人代會」人事大調動

毛澤東正式解除偽政職，劉匪少奇任主席，宋慶齡、董必武分任「副主席」。朱德被選為人代常務委員會委員長，周匪恩來繼續擔任「國務院總理」。匪偽頭目更動，將益向俄靠攏，國際共產份子大見抬頭。

日本認劉匪登台，親俄派已得勢，對外態度可能轉強，巴黎預料匪將實施雙重統治。

匪對俄依賴加深「一面倒」，而台灣將多事。劉少奇其人，陰狠毒辣，人所共知，在匪黨中向認為激進派領袖，諸凡虐民暴政，整肅異己，較毛澤東尤為積極。毛匪下台，論者受台海戰爭及人民公社二者失敗之影響。「公社」因俄國不贊成，劉匪或不敢堅持。可能發動台海戰火。

4月28日　星期二

下午四時出席中國銀行第二十次常務董事會議，討論投資開發台幣乙仟萬，以霍保樹、陳長桐、俞國華三人為代表。

復庸叔函

四月十八日收閱四月十二日來函，知兒將于本年九月至某公司電子計算機部門工作，甚為欣慰。將來如機會許可繼續讀博士學位，這是父一種希望，可順應自然，不必勉強。家中一切平安，父身體康健如常，希勿念。務望兒以身體為重，多多注意為要。

父啟　四月廿七日

庸兒讀書有收獲，余非常歡喜。

4 月 29 日　星期三

一、上午十時參加中央常務會議一三三次會議，總裁
　　主席，聽取第六組報告匪「人代會」人事更調之
　　分析。

二、蔡培火先生午後過談，有關內地人、台灣人之團
　　結，蔡擬呈請行政院陳院長設立諮議委員會。此
　　老之熱心令人可佩，倘各方不能團結，實非地方
　　之福也。

4 月 30 日　星期四

　　【無記載】

5月1日　星期五

今日國際勞動節，台灣各處慶祝。

5月2日　星期六

下午五時主持小組會議，地點黨部圖書室，談國民大會修改憲法等問題。

5月3日　星期日

下午五時半為立法委員周厚鈞長女公子碧雲證婚，男方為林均輝君，地點中山堂。周女士江蘇江都人，林均輝廣東潮州人。

5月4日　星期一

上午十時到陽明山國防研究院參加國父紀念週，總統親臨主持，並讀「軍事教育與軍事教育制度之提示」。

5月5日　星期二

近日天氣轉熱，我的精神亦欠佳。惟仁老太太足仍浮腫，心臟還是不好。麗安近年身體日漸衰弱，病在胃部。

5月6日　星期三

第十四世達賴轉世影片

民國廿八年西藏舉行第十四世達賴坐床大典，余當時任蒙藏委員會委員長，奉派入藏主持大典。嗣經印度、加侖堡、錫金等地至拉薩，主持坐床大典，順利完

成，結果圓滿。往返八個月，于行程中有攝成影片一部，名「西藏巡禮」。最近西藏抗暴發生，各方特別注意有關西藏宣傳資料，而中央電影公司藏有此片之拷貝，于五月一日與六日兩次放影，邀余往國際戲院檢查。此片雖經二十年之久，仍完好如初，此片深具政治及歷史之珍貴意義，與夫余在途中及在拉薩種種活動，皆一一重現于目前。余在片中尚見逝世老友羅佶子、曹纕蘅諸先生，如同生前，則感嘆良多。片中人物在台者只有余及奚東曙、周昆田、黃朝琴四人耳（黃任印度總領事，辦理入藏外交）。余當時五十六歲，今已七十又六矣。

5 月 7 日　星期四
【無記載】

5 月 8 日　星期五
一、下午歷史博物館參觀溥儒（心畬）先生畫展，計有三百餘幅，都是心畬先生一生佳作。
二、參觀師大教授林聖揚先生畫展，他是以中國劇為背景，作抽象西畫，這是中國創舉。聖揚係申叔好友。

5 月 9 日　星期六
一、本日係安徽同鄉葛崑山（玉齋，蒙城縣人）七十大慶，在實踐堂設立壽堂，余親往慶祝。葛係同盟會員，現任國民大會代表。

二、同鄉楊亮功兄次公子承瑞，本日午後在靜心樂園
　　舉行接婚典禮，余往慶賀。

5月10日　星期日

　　國民大會聯誼會于五月九日發表意見，期望蔣總統
繼續連任。

　　國民大會代表全國聯誼會所發表當前行憲問題之意
見如下：總統本屆任期行將屆滿，國內外輿情，對蔣總
統連任問題，異常關切，紛紛促請國民大會代表修改憲
法，俾蔣總統繼續連任，領導完成反共抗俄大業。海
外僑胞僑團，亦復函電絡繹，同聲呼籲。本會以茲事體
大，經迭次提出研討，並分別徵詢全國各省市邊疆民
族、僑民、農業團體、漁業團體、工人團體、工商業團
體、教育團體、自由職業團體、婦女團體、內地生活習
慣特殊之國民等單位代表意見。嗣據各單位所送會商結
論，提經本會幹事會綜合共同意見如下：
一、一致期望蔣總統繼續連選連任，完成反共抗俄大業。
二、修改憲法或臨時條款應由國民大會直接為之。

5月11日　星期一

　　光甫兄昨日午後由港飛抵台北，今晨余往北投寓所
訪問。伊因飛機勞動，感覺疲困。伊此次來台係出席開
發公司常董會，上海銀行投資該公司台幣乙仟萬，此公
司以民營為主，尤其是中美合作經營者。原擬推光甫
兄為董事長，伊力辭，改推林百壽為董事長，光甫為

常董。

5 月 12 日　星期二

中央電影公司來訪問

　　關于第十四輩達賴轉世影片，已載于本月六日日記中。中央電影公司正在整理此片，特于今日上午攝製訪問余等目前影片。因余寓窄狹，特假張超公館舉行，自上午十時起至下午一時完成。將來放演不過五分鐘，而攝製此片須三小時之久，由此可知成為一個電影明星不是一件簡單的事，其中所須種種條件，非三言兩語可以說明者。參加訪問影片，有余及黃朝琴、周昆田、奚倫、張超（房主人），以及丁、張兩位記者。

5 月 13 日　星期三

　　上午十時參加中央一三七次常務會議，總裁主席。其指示有：

◎英國蒙哥馬利將軍在蘇俄攻擊美國總統艾森豪，隔一個月英前首相邱吉爾訪問美國，此乃西方國家與英國少有行動。

◎此次美、英、法、蘇四外長日內瓦會議是決定和戰的，就是戰爭開始，英國是避戰的。

◎將來高階層會議可能開成，英國對俄妥洽，美國對俄屈服。

◎大陸「人民公社」成功是無可比擬力量。

◎共匪以農人為最後反動力量。

　　陶希聖在常會說，由社會主義過渡到共產，蘇俄已

達到共產目的，就是一切力量準備作戰。蘇俄七年計劃走到大戰路上，共匪台海局部戰失敗將變成大戰。共產主義不能改變，走向大戰關鍵在台灣。民主國家有三個趨勢，就是集體安全、民族運動、反共革命。我們是反共革命，至集體安全、民族運動，與我反共革命太遠了。

5月14日　星期四
【無記載】

5月15日至19日　星期五至二
記八屆二中全會

本黨第八屆二中全會，于五月十五日上午九時在陽明山革命實踐研究院開幕，至十九日下午六時閉幕。每日上午九時至十二時、下午三時至六時，一連五天。每會余均參加，惟年事已高，較為吃力。每天清晨開會之先，恭讀訓辭一小時。

大會中有三次關于黨的報告，有三次關于陳兼行政院長政治與軍事、外交、財政及經濟報告。

開幕、閉幕總裁親臨主持，先後訓話數次。指出去年八月廿三日共匪砲擊金門，我們得到勝利，關係本黨反攻基礎。我們十分苦鬥。毛匪倒台，這是共匪存亡關係，得到本黨勝利基礎。今後我們精神言論等等，須切實檢討建立黨的基礎，並勉勵同志須認清今日人人生活在戰鬥中，一定要切切實實去做。

大會中通過策進大陸反攻革命案、光復大陸政治行

動綱領案、舉辦黨員總登記等等重要案件。

八全大會有關總統任期問題

此次大會中最重要案件，就是憲法規訂總統只能連任一次。明年五月總統任期屆滿，以當前國家需要，仍須本黨總裁連任第三任總統。但總裁早在去年十二月廿三日申明主張不修改憲法，反對修改憲法。

總裁于五月十八日上午九時在大會訓話，關于憲法與總統問題大意如下：

◎ 遵重憲法，不修改憲法。

◎ 憲法是合法的，國民大會是合法的。

◎ 不修改憲法，不說不做總統，當然不能做總統，到國民大會開會決定時再說。

◎ 不做總統，還要領導軍民反攻復國。

◎ 武裝同志是我（蔣）帶來的，要再帶回去。

◎ 屆時我（蔣）要做總統，還是可以做的。

◎ 以反攻復國為打算，不以個人為打算。

此案應交中央，因此二中全會對中央政治報告決議有不修改憲法說明一段話，黏于下頁。

總統對全會指示　憲法不容修改　旨在鞏固國本

總裁對全會剴切指示，憲法不容修改，旨在鞏固國本。政治報告中最後指出「總裁的領導，對於反攻復國有其無比的重要性」，實足以深切反映全黨的意志。全會認為總裁的領導，不僅關係本黨革命的進展，亦且決定國家民族的前途，只要是我海外愛國同胞意志所集

中，大陸反共群眾希望之所寄託，反攻復國艱苦鬥爭之
所要求。我總裁對於復國建國的艱鉅責任，自不容諉
卸，所望我全黨同志親愛精誠，互助合作，奮發革命精
神，堅強革命組織，在總裁領導之下，向三民主義復國
建國的大道前進。

二中全會期間之宴會

一、蔣總裁于五月十七日中午十二時卅分，在陽明山
　　官邸招待于右任、閻錫山、李石曾、我等元老，
　　以及中央全體常務委員午餐。

　　　　總裁談及此次二中全會有三個比較重要案：（1）關
　　于修改憲法與否問題案；（2）關于黨員總登記案；
　　（3）關于召集反共救國會議案。總裁首先詢問元
　　老對此三案意見，大家唯唯否否，我認為未免失
　　去元老精神。迨總裁詢我意見，我有如下表示：
　　　　總裁既不主張修改憲法，我們應擁護總裁主張不
　　修改。至黨員總登記沒有多大問題。其他召開反
　　共救國會議，其權在本黨，若需要即召開，不需
　　要則不開等語。余接著又說，抗日經過是以空間
　　爭取時間，當武漢會戰以後，先後失去長江、黃
　　河兩大空間。總裁當時指示擴大空間，所以有西
　　北、西藏之空間擴大，其結果打垮日本。我們自
　　大陸來台灣，是以時間爭取空間，所謂空間也者
　　就是反攻大陸。我們到台灣已經十年了，如長久
　　下去，不能爭取大陸空間，則將死無葬身之地了
　　云云。這都是我的良心話。

二、五月十九日下午七時，總裁中山堂光復廳招待二
　中全會全體委員出席，列席同志三百五十餘人聚
　餐。席間總裁致詞大意，全會圓滿閉幕，勉勵各同
　志努力。繼由陳副總裁致詞，其結語有認識敵人，
　不要自家人打自家人。這幾句話很使人誤解。

5 月 20 日至 22 日　星期三至五

評議委員開會

　五月二十日下午三時至六時，在陽明山革命實踐研
究院大禮堂舉行中央評議委員第二次會議，總裁親臨主
持。但議案很少，遂于六時閉會。

因胡秋源案與總裁彼此說話有出入

　下午六時三十分評議委員聚餐，總裁致詞，強調胡
秋源違紀案未有著落，頗有指責。余說明此案尚待調
查，一俟查明必定從嚴議處，決不寬宥。因此引起總裁
相當誤會。這是余與總裁在公共場合誤會，尚係初次。
　查胡秋源同志係立法委員，于昨年行政院提出修正
出版法，鬧得滿城風雨，中外議論紛紛。迨立法院修正
通過後，仍作文反對，並登載友黨刊物，確係違反黨
紀。中央紀律委員會正擬處理此案，而張秘書長屬生告
紀律會張副主任，胡秋源同志在倫敦曾與共匪往來，俟
此案資料交到時再行一併處理。但張秘書長始終未將胡
同志有關資料交來，因此紀律會對于此案未能處理。這
是胡案經過大概情形也。（查中央黨部組織系統，秘
書長是總裁幕僚長，有指揮各單位權。而紀律委員會

不但受幕僚長指揮，其職權亦僅是審議黨紀、稽核財
務而已。）

擬辭紀律委員會主任職務

余深感年事已高，心力日衰，不能再負紀律會主任
之責，遂于廿一日晚九時約張其昀曉峰先生到余宅晤
談。茲將于談話記錄于後。

承曉峰先生光臨舍間，深為感謝，先請張壽賢兄將
胡秋源案向曉峰報告一下。

昨晚評議委員聚餐時，總裁說話有點發氣。我當時
說話是想把這件案子結束一下。我說話性子急、聲音
大，往往刺激人的耳聽，往往很好的話，就因此變成不
好的話，這是我一生最吃虧的事。

我回想我到中央黨部做紀律會主任，是曉峰先生來
轉述總裁之意。曉峰先生曾來我家三次，最後我同意就
此職，並說暫時做一做，不料一做數年之久。現在二中
全會已經開過，總裁說將積極準備戰爭，中央黨部各部
門之工作將日形重要，總裁對于人事安排，想必另有佈
置。紀律會看起來沒有什麼事，往往遇到很難辦的事，
我現已七十六歲，不適宜再負此責任，我現在想辭去紀
律委員會主任委員。當時我進中央黨部，是曉峰先生來
轉述總裁之意，現在我想辭去此職，亦請曉峰先生代向
總裁報告。我本想當面向總裁說，但因事關個人，不便
開口。同時並請轉達總裁，將來反攻大陸時，只要我身
體強健，一定為黨國、為總裁供奔走。

壽賢兄任副主任，于此數年來對我幫忙甚多，我深

為感激。壽賢兄早有辭意，因為幫我的忙，我未允其辭職。由此可以知道我早已想辭職，曉峰先生你要相信我的話，我並非現在才要辭職的。

曉峰先生答曰，明日（廿二）午後四時謁見總裁，當為代為轉達。

張曉峰先生于廿二日晚間到余寓回話，適余外出。俟由電話通知，已報告總裁，囑轉告吳先生不要介懷，實無不好意思，並囑曉峰加以慰問云云。

以現在黨國環境，如一定辭職，人家將說我氣量太小，不顧大局，尤以余與總裁數十年關係與感情而論，亦不能再有所表示。但余與總裁在公開場合說話，意見未能一致，尚屬初次，這是余年老不能控制感情之結果也。曉峰先生辦事迅速，與夫對余之熱情，至深感佩。

5 月 23 日　星期六

上午十時出席總統府五月份月會。

5 月 24 日　星期日

西班牙大使沈昌煥今日起程赴任，上午來辭行，余託壽賢兄到機場送行。

5 月 25 日　星期一

中央常會通過唐縱為秘書長

廿五日下午四時參加中央委員會第一三八次會議，總裁親臨主持，並交議「秘書長張厲生辭職照准，遺缺中央常務委員唐縱兼代」，一致無異議通過。因張厲生

同志已由政府任命為我國駐日大使。唐縱原任本黨中央
委員會副秘書長，此次二中全會當選為中央常務委員。

今日常會亦是本黨二中全會所選出新任中央常務委
員第一次會議。

今日常會討論，總裁八屆二中全會之指示，應研擬
貫徹執行案，以及擬本黨八屆二中全會決議初步處理意
見案。

總裁今日在常會另有指示：

◎五院合作，黨政合作，黨的基層組織，民眾服務人
員要切實訓練。

◎加強政策委員會，每月看會一次（可將每月常會停
開一次），總裁將親自主持。其性質有無過去之中
央政治會議，可用現在設計委員會各組長擔任政策
會秘書等事宜。

◎切實研究三民主義文化教育，要使青年認識三民主
義，組織專門小組，以復國精神、反共思想為中心。

◎研究不得其道，以致落空。

◎專門研究共匪宣傳，但假中有真，一定要知道敵人。

5月26日　星期二

【無記載】

5月27日　星期三

為中央黨部新舊秘書長監交

中央委員會新舊秘書長張厲生、唐縱于二十七日上
午十時，在中央黨部舉行交接儀式，蔣總裁派余監交，

到場觀禮的有中央委員會各組會正副主管同志數十人。
余于監交印信文書後致詞,大意如下:

總裁因對日本外交重要,特遴派張厲生同志出任日
本大使,以執政黨秘書長出任大使,可見使命之重大。
張同志在黨內擔任過組織部長、秘書長,擔任過行政院
內政部長、副院長,以持身嚴謹,處事穩重為黨內外
所稱道。今後擔任重要而複雜日本外交,一定能達成使
命,為中日兩國奠定更合作、更良好外交關係。

唐乃健(縱)同志過去一直在總裁身邊擔任重要工
作,改造時間在中央擔任第六組主任,建立黨的社會調
查、心理作戰等工作基礎。第七次全國代表大會以後轉
任第一組主任,指導台灣省地方自治選舉以及國民大會
黨團工作,多有很好的成績。尤其黨的幹部制度,是唐
同志在第一組任內所起草,經常期研討而後經中央通過
制定的,今後按步實施,唐同志必有更多貢獻。詞畢,
由張、唐兩同志致詞,儀式歷時四十鐘。

中央同志歡送張厲生同志

五月廿七日下午四時,在國際學舍舉行茶會歡送張
厲生同志,到中央同志四百餘人,推余主持,並致詞。
大意是,第一段說張同志在黨的歷史悠久,貢獻很多。
第二段說本黨是一個重歷史、富感情的黨,應特別注
意黨誼、黨德之修養,今天歡送張大使,充分表現同志
愛。最後說張大使後天就要去日本了,今天早晨在秘書
長交代時,張大使說雖然離開中央黨部,其精神依然在
黨、在領袖、在各同志之左右。我們與張同志共事多

年，一旦遠別，大家多有依依不捨之感。

張大使答詞有一小時之久，多是擁護總裁，服從總裁之論調，以及對于各同志依依不捨之情感。

5月28日　星期四

下午七時財政部次長周宏濤、謝耿民兩先生招待陳光甫兄晚餐，約余作陪，並有林崇庸等在座。

5月29日　星期五

一、上午十時偕壽賢兄，陪同光甫兄到陽明山革命實踐研究院訪問張曉峰先生。由曉峰陪同參觀實踐研究院，並遊覽陽明山風景。光甫兄稱贊不已，深為滿意。

二、下午三時主持紀律會第二十次會議。討論例案後，交換胡秋源因出版法違紀案之意見。都認為胡在倫敦與共匪往來案，既有自白書呈總裁，另候指示外，因其出版法違紀案應予處分，請諸位委員加以考慮，下一次會議再行決定。

5月30日　星期六

下午五時出席小組會，即在賈府晚餐。

5月31日　星期日

孫多慈女士日內將赴泰國開畫展，本日午後來看申叔的畫。

6月1日　星期一

上午九時中央黨部舉行總理聯合紀念週，由余擔任主席。由中央委員會新任秘書長唐乃健報告，題為「二中全會之決議與實踐」。奚東曙兄昨午來說，至台四個月，總統尚未見面，就是蔣主任經國亦未見面。言下頗為不平。余答曰，待余詢問第六組。

6月2日　星期二

【無記載】

6月3日　星期三

蔣總統于本日十二時卅分在台北賓館招待總統府資政及國策顧問六十餘人午餐，我準時前往參加。

6月4日　星期四

【無記載】

6月5日　星期五

一、皖籍國民大會代表陳協五先生的夫人日前病逝，今日在市立殯儀館開弔，余于上午九時卅分前往致祭。

二、姚味辛（琮）今日七十大慶，余到姚府簽名慶祝。姚先生出身軍旅，且長于書法與詩文，現任浙江國民大會代表，及總統府國策顧問。

6月6日　星期六

一、台籍宗親吳桂芳先生于本日午後來訪，請我在其祝壽簽名冊上題辭。桂芳先生今年七十九歲，身體康健，有子七人、女三人、孫男女三十餘人，外孫男女二十餘人，總共孫男女五十餘人，真可謂多福、多壽、多男子。

二、馬滌心同志去年金門砲名列首功，嗣派赴美國深造，日前返國，升為第六軍軍長，這是獎勵有功，受之無愧。本日午後徐斐章兄陪其過訪，據云美軍絕對科學化，隨時隨地求進步、求改良，因此戰力堅強。

6月7日　星期日

陳英士先生的夫人今日八十晉一大慶，年老多病，仍住台大醫院，余于上午九時前往慶祝。住院一切開支，都由蔣總統負責，此種念舊精神，令人感佩。惟仁老太太本日到桃園看蔣老太太。

6月8日　星期一

陳光甫日前由港來台出席開發公司董監事會議，今日午後三時飛返香港，余于上午九時卅分到北投陳寓送行。

6月9日　星期二

【無記載】

6 月 10 日　星期三

上午十時參加中央常務會議，決定有關人事調整案。第四組主任馬星野另有任用（將任外交新職），由副主任沈錡升主任（沈現任行政院新聞局局長）。第五組主任上官業佑調台灣省黨部主任委員，以副主任張寶樹升主任。張在受訓期間由副主任吳兆棠代理，原任省黨部主任委員任覺五仍回任革命實踐研究院分院主任。又決議我國與教廷已獲協議，我公使館升格為大使館，即以我現駐教廷公使謝壽康出任首任教廷大使。

6 月 11 日　星期四

【無記載】

6 月 12 日　星期五

上午九時三十分陪惟仁老太太到朱仰高醫師處檢查血壓，高一百七十，低七十。我的血壓高一百二十，低六十，但老太太足腫不退，確是心臟問題。

6 月 13 日　星期六

皖籍國大代選全聯會代表

下午三時皖籍國民大會代表改選出席全國聯誼會代表，推余主席。計選出武斌、謝麟書、翟宗濤、常法毅、鍾鼎文、陳協五、章正綬、李國彝等八人，除翟、章、李三人新選外，其餘都是連任。前任吳麟、溫廣彝、高長柱落選。

6月14日　星期日

上午九時三十分，到中山堂集會室參觀績溪胡代表鐘吾集王右軍創作展覽。此項展覽余亦是發啟人之一。

6月15日　星期一

一、上午九時參加中央紀念週。

二、郭老太太五月卅日（陰曆）八十晉九生日。本晚端木鑄秋約我們晚餐，磋商慶祝。

6月16日　星期二

【無記載】

6月17日　星期三

上午十時參加中央第一四三次會議，總裁主席。聽取谷常委正綱報告「第五屆亞盟會議之經過」（地點韓國），又聽取鄧副秘書長報告「關于國際奧林匹克委員會慕尼黑會議荒謬除去我國會員名義之經過」，及我方對此問題之處理。討論「中央政策委員會組織辦法草案」，是以中央常務委員、各組會負責人，以及一部份立法委員、監察委員，及國大代表數人，一共一百五十多人，每月開會一次，總裁主持。此事體大，未能決定，再加研究。至午後一時散會。

6月18日至21日　星期四至日

【無記載】

6 月 22 日　星期一

第四次黨務工作會議

　　上午十時出席第四次黨務工作會議，地點在陽明山莊介壽堂，蔣總裁親臨主持開幕典禮，並訓話。此種會議每年舉行一次。

6 月 23 日　星期二

　　【無記載】

6 月 24 日　星期三

　　上午十時參加中央第一四四次會議，總裁主席。財務委員會報告黨營事業各公司改組董監名單，計有九個公司，如裕台公司、齊魯公司、中央日報、中華日報、中央通信社、正中書局、松山肥皂廠、中央電影公司、中央廣播公司。總裁說黨營事業機構，人情在先，公私不分，有官僚衙門習氣，對于革命事業沒有多大幫助。在科學時代任何事都要有準備，報館與廣播要有宣傳工具，為何縣市黨部沒有宣傳組織。

6 月 25 日　星期四

　　下午三時接見靈感畫家李壽者先生，他的作品氣勢雄厚，張法出奇，很多地方近于西方抽象派。李先生河北省人，五十多歲，其出身是醫生。我向李先生建議，仍須加強靜坐，求靈感進步（也就是道的進步），多看大自然山水花鳥，勿看俗人作品，以妨搖動你的自然靈感。

6月26日　星期五

紀律會決定胡秋源案

糾紛日久胡秋源同志違紀案，本日下午三時紀律委員會舉行會議，經各委員詳細研討，其決議如後。

查中央評議委員第一次會議，對于程滄波、胡秋源兩同志言論行動違反本黨決議與紀律所提出之監察意見，經中央常務委員決議交本會審議。本會正審議間，據報胡秋源同志另有其他資料，正在調查中。當時本會除將程滄波部份決定報告常會外，關于胡秋源部份決意暫從緩議，候另案決定在案。嗣據胡秋源申訴，稱出席聯合國會議後由美至英，于倫敦係住于中央特派員王家松家中，現在英國之陳源、陳堯聖皆可證明。與共匪幹部侯雨民曾晤談兩次，惟在與侯相見之前以及晤談後之印象，均曾函陳張岳軍、黃少谷二先生，自信能以真理誠意感化共黨則有之，一遇共黨即將受其影響，縱無能當不至此等語。又據何委員成濬報告，胡秋源同志係世交，知其好學深思，刻苦自勵，有書生習氣之政治經驗。該員于出版法修正通過後，撰文表示異議，同鄉同志均曾予以責詰，該員亦自承不當，該員對國及領袖之忠誠可負責予以保證等語。本會審核前後情由，認為胡秋源同志與共匪幹部侯雨民一節，既據陳事前事後均曾向有關方面報告，似無隱飾情事。惟關于出版法修正案通過以後所為之言論，且在黨外刊物發表，顯係觸犯黨紀，應予以警告，以申儆戒。

6 月 27 日　星期六

　　上午十時出席裕台公司第九屆股東常會，選舉董監事。胡家鳳、楊繼曾、王鍾、洪陸東、張導民、周友端、賀其燊七人當選為常董，胡為董事長。吳忠信、劉和鼎、白瑜、張清源、辛我、虞克裕、瞿韶華七人當選為監察人，吳為常駐監人。又徐鼐、仲肇湘、刁培然、劉啟光、張寶樹、閔湘帆、張心洽、顧儉德均為董事。

6 月 28 日　星期日

一、徐永昌（次辰）患病日久，特往訪問。

二、新任第五組主任張寶樹同志來余家訪問。此人有守有為，不可多得之人才。

三、立法委員佘凌雲同志來告美政府邀請訪美，此次被邀一共十個立委。

四、李鴻球先生午後來看申叔繪畫，大為稱許。

6 月 29 日至 30 日　星期一至二

　　【無記載】

7月1日　星期三

上午十時參加中央第一四六次會議，聽取第六組報告「目前大陸災情之分析」，討論「共匪暴政十年編撰計劃草案」。

7月2日　星期四

顧墨三（祝同）兄由戰略顧問委員會副主任委員，調任國防會議秘書長。顧為人忠厚，辦事謹慎小心，素為蔣總裁所信任。顧昨日過訪，他強調做人要有朋友。這是最準確的話，凡為黨國負責任的人，就是要有朋友，要有道義上朋友。

7月3日　星期五

惟仁老太太近日身體頗有變動，口流水、兩腿無力，已有一星期之久。今日請朱醫診治，血壓高的一百八十，低七十。我的血壓高一百十，低六十。

7月4日　星期六

友人徐次辰（永昌）病日漸加重，已移住台大醫院。余今晨往訪，見其病況、精神非常衰敗。次辰兄是患老肺病，現在年七十有三，當然不易復原。

7月5日　星期日

寄嶠太夫人八十晉九生日，余于午前九時半親往慶祝，至十一時半始辭出，賀客甚多。我空軍揚威馬祖，今晨馬祖以南發生空戰，匪機五架被我擊落。匪機可能

均為俄製米格十九型，內有一架被高射砲擊中墮海，匪
飛行員斃命。這是本年第一次空戰的大勝利，再度造成
輝煌戰果，尤其以少勝多。去年台海戰爭，空軍首先勝
利，今日我空軍又告大捷，必將贏得更大勝利之預告。

7月6日　星期一

上午十時到陽明山莊介壽堂，參加總理紀念週及
四十八年夏令講習會開學典禮。總裁親臨主持，並訓
話，首先說明昨日空戰勝利意義之重大，又說教育關係
不可忽視。

7月7日　星期二

【無記載】

7月8日　星期三

上午十時參加中央常務會議第一四七次會議，總裁
主席。討論中央黨務經費總預算案，總裁頗多指示，認
為數目雖不多，但工作不切實際，應由總預算中拿出百
之五（約四百萬元）辦理黨員退休。又如陽明山研究院
應與分院合併撤到木柵等等，結果交付審查。陳副總裁
說中央黨部發十七個月薪水，因此大家都不願出去。今
日常會決定外交人事調動，陳之邁調任澳大利亞大使，
段茂瀾調任菲律濱大使，特任馬星野為巴拿馬大使，李
琴調任哥倫比亞公使，任命外交部禮賓司長汪豐為瓜地
馬拉公使。

7月9日　星期四
【無記載】

7月10日　星期五

上午十時出席總統府七月份國父紀念月會暨新任命七軍事首長宣誓典禮。總統主持典禮，致訓策勉砥礪品德，發揮才能。計宣誓者有新任國防會議秘書長顧祝同、戰略顧問委員會副主任委員王叔銘、參謀總長彭孟緝、副參謀總長馬紀壯、陸軍總司令羅列、聯勤總司令石覺、副參謀總長賴名湯等七將軍。蒙藏委員會委員長李永新兄過訪，商談達賴現在印度，我們的應付。據云西藏志在獨立，美國贊成獨立，我們如承認獨立，達賴始可與我們往來。這是我們做不到的，我們憲法規定，西藏屬于中華民國的，益以民國廿八年余在西藏辦理達賴坐床大典，充分表現中華民國行主權。李又說達賴有訪問東南之說，擬請余前往與達賴見面。余以為事先能得達賴諒解，可以前往，萬一見面，說什麼、做什麼，要事先有所決定。

7月11日　星期六
【無記載】

7月12日　星期日

本日午後三時回看顧墨三兄時，與已隔十有餘年未見面之大陸風雲人物熊式輝（天翼）先生在顧家相遇。熊氏風彩不減當年。

7月13日　星期一

上午十時至陽明山國防研究院參加國父紀念月會，總裁親臨主持。友人徐永昌（次辰）先生昨日午後四時廿五分患肺病逝世，余今晨偕張壽賢兄至極樂殯儀弔唁。午後四時三十分出席徐氏治喪委員會，推于右任老先生為治喪會主任委員，賈景德、何雪竹兩先生為副主任委員，並擬定于十七日上午八時公祭，十一時大殮，另行擇吉安葬陽明山公墓。徐氏現任總統府資政、國民大會代表、光復大陸設計委員會副主任委員、陸軍一級上將，在抗日剿共立功甚多。與余在黨的方面同一小組，私人感情甚佳。徐氏山西人，享壽七十三歲，遺有子一、女三。

7月14日　星期二

余二十年前入藏辦理達賴坐床大典，西藏巡禮紀錄影片，經中央電影公司改為西藏風雲，加入西藏不久以前西藏抗暴影片，業經完成，于本日上午九時試映。余偕壽賢、光叔、昆田往觀，就是把西藏巡禮片中增加其他種種鏡頭，當然有多少失去巡禮片中精神。余不欲多言，好在大體無礙，聽其自然。

7月15日　星期三

上午十時參加中央委員會第一四九次會議，總裁主席。聽取各種報告，其中比較重要者，有：

（1）支援西藏同胞反共抗暴運動專案小組報告，關于支援西藏捐款處理原則，以及達賴當前態度，決

議「我方暫取觀望態度」。

（2）中央政策委員會報告「修正海關進口稅的草案」，其中關于人造纖維稅率修正案，由現行之百分之一百四十降低為「百分之八十」。此等辦法我甚為贊成，這是不為大資本家打算。

7月16日　星期四
颱風掠過本省東北

名為畢莉颱風，于昨（十五）日晚間七時後侵襲台北市，狂風豪雨，愈晚風愈烈、雨愈大。至深夜十二時離開本市，向西北方面進入東海。在此六小時降雨二八零公釐，打破近三十年最高紀錄。因此風雨肆虐台灣北部六縣市，災民達一萬三千餘人，死亡十三人，損失約六百餘萬元。台北市大多街衢積水，交通受阻。

7月17日　星期五
徐永昌先生大殮

故友徐永昌（次辰）將軍遺體本（十七）日上午八時起，在台北極樂殯儀館舉行公祭，十一時大殮，由何成濬、吳忠信、賈景德、張知本四人覆蓋黨旗。靈櫬暫厝該館，待勘墓地，再定期安葬。參加公祭者計有治喪委員會、國民黨中央部等十餘單位，暨軍政首長千餘人，備極哀榮。

7月18日至19日　星期六至日
【無記載】

7 月 20 日　星期一

上午十時出席陽明山國防研究國父紀念週，暨本黨夏令講習會結業典禮，總裁親臨主持並訓話。午後七時郭寄嶠招待晚餐，有朱紹良、趙志垚、李崇年及同鄉方治、黃伯度等在座。

謠言從何而來

謠言我做總統，真是空谷來風。查自去年十二月，蔣總統宣佈「不贊成修改憲法，並反對修改憲法」，因此神經過敏人，誤會蔣總統不再連任第三任總統。蓋以現在形勢，必須蔣總統領導收復大陸，必須蔣總統繼續連任總統。我等國民大會代表已表示一致擁護總統連任，但自今春以來，社會謠言如蔣總統不連任，我將繼任。真是空谷來風，這不是愛我，乃是害我。當此反攻大時代，領導全民，非蔣公莫屬也。本年六月，某報登載紐約通訊，旅美華僑對修憲及總統任期看法，主張蔣總統出任行政院長，行使憲法上政治權力，而第三任總統則可選舉元老人士，如于右任、吳忠信等出任，這真是胡言亂語，莫名其妙。茲將該通訊黏于後頁。

美國通訊　美僑對修憲及總統任期看法
本報駐美記者李子堅
紐約航訊

一般美國僑界人士，顯然地反對任何「修憲」的擬議，特別是以任何修憲的形式，使蔣總統得有第三次機會出任總統候選人一事，認為極不妥當。但是，他們也

有具體的看法和想法，第一，他們瞭解修憲雖不一定專為總統任期著想，但值此時會，保障憲法，實不宜輕言修改。第二，就憲法之規定及其精神言，政治責任係在行政院長，而非總統，為使憲法所定此一政治責任，得以澈底實施，今後應著重於行政院長之責任，亦即在加強「內閣」之責任。（按我國憲法既非採總統制，又非內閣制，但就行政院長應負之責任言，則與內閣制頗為相近。）第三、今日蔣總統之地位、權力及所負之政治責任，遠過於現行憲法總統之地位、權力及責任，但此係自然而實際之趨向。國人今日需要蔣總統繼續領導，亦係不庸置疑之問題；但蔣公之繼續領導，非必一定使他三度連任總統，更不必以修憲或他種方式（如修改戡亂時期臨時修款等）為之，因此，吾人願望蔣公之領導：可建議由蔣公出任行政院長，一如西德總理艾德諾，而第三任總統則可選舉元老人士如于右任、吳忠信等先生出任，如此必可兩全。

蔣總統第二任的任期，即將於四十九年五月屆滿，照規定應在三個月前改選。蔣公雖曾一再表示，尊重憲法規定，不再出任第三度總統候選人，但國內仍有許多反應（特別是國大聯誼會）擁護蔣公三度連任，並有修憲之議。一般僑胞對此深表關切，紛紛談論。他們以為中華民國際此復國時期仍需蔣總統之領導，但輕言修憲則期期然以為不可。

這許多僑胞可謂極富愛國熱忱，亦可謂為對蔣公之愛戴；他們以為如使蔣公三度連任，不僅違背憲法規定及其精神，並且損害蔣公之聲望。

　　僑胞中頗不乏對憲法有相當之研究者，而最值得注意的，則係身處海外，對國事之看法，較為客觀。

　　一般真正愛國僑胞認為我國今日退處台島，仍能屹立於國際社會，且成為大陸及海外同胞寄望之所在，主要仍在於我政府對憲政體制之維護。今以事實所迫，民意雖不能張，但如何確保現有體制於不墜，實為當務之急，此亦即一般愛國僑胞所以堅決反對於此時此地倡議任何修憲問題之基本觀點。

　　一般關心國是僑胞，並對蔣總統不願放棄政治責任之苦心，表示誠摯之欽佩與安慰。但認國民黨應體察蔣公之至意，於二屆任滿後，提名其他人選，出任三屆總統候選人，而使蔣公出任行政院長真實的行使憲法上政治權力，貫澈政治上之責任。

　　他們舉出國民政府時期，林森先生之任主席，以及西德政府艾德諾總理放棄競選總統，繼續擔任總理之實例，認蔣總統之出任行政院長，並不影響現有之威望，相反的，將可實現真正的責任政治，而予人清明的印象。這些可以表示愛國僑胞何以提出具體方案之基本觀點。

　　盱衡今日國際環境，我中華民國又進入另一艱困之局面，同時，大陸沉淪於茲十年，復國責任，日益迫切加重。如何衝破艱困之國際局面，如何實現復國之責任，其有待努力之處雖多，但即將面臨之種種複雜問題，應予特別慎重之注意與處理，實為起點。

　　本文對此，提出了一般美國僑胞之聲息，幸勿等閒視之。六月十七日寄自紐約。

7月21日　星期二

【無記載】

7月22日　星期三

上午十時參加中央常委員會第一五〇次會議，總裁主席。討論本年度預算，計九千多萬元。總裁說沒有人事制度與財務制度，一定腐敗下去。預算雖然不算多，用之不得當，無建設性。中央常會很少建議與貢獻，黨沒有人管，招怨事就避開。現在坐吃山空，沒有考核，所以大陸失敗，將要負亡黨責任。要從黨做起，現在財務就是官僚做法，現在地方黨部大家不願去，中央有能力人應核下鄉，中央總幹事可到地方黨部。社會與友黨皆在進步，共匪滲透，我們危險。中央副主任對等地位，可派到縣市，中央常會要多盡力。總裁今天說話很情急，常會確是無能，我亦參加常會之一員，亦不能辭其責。

7月23日　星期四

惟仁老太太請曾醫量壓，高一百六十，低七十，相當正常。惟腳仍腫，其病在心臟。

西藏風雲紀錄片　明起在本市上映
本報訊

中央電影公司定本月廿三日起在臺北市隆重推出新片「西藏風雲」，這是一部真人真事在「世界屋脊」——西藏實地拍攝的影片。對於一向與世隔絕的神秘西

藏高原的景物、人民、風俗習慣均有系統的介紹，如西
藏同胞篤信的佛教，其寺廟的巍峨輝煌，萬千的喇嘛在
慶典中禮佛儀式，節日的「驅魔跳神」、「檢閱神兵」
及民間歌舞都是極珍貴而罕見的。片中還加入黨國元老
吳忠信先生入藏主持達賴喇嘛轉世坐床大典的盛況及達
賴長大後的情形，現居住在臺灣的吳忠信先生和當時陪
隨吳老先生入藏的省議會議長黃朝琴、前蒙藏委員長周
昆田、銀行家奚倫均現身銀幕話當年，同時對自由世界
為支援西藏抗暴運動熱烈情形亦有精深的報導。

「西」片係由王士弘、楊澄、陸建鄴編輯，可說是
一部世界上介紹西藏最完備最珍貴的影片。「西」片已
定於廿三日起在新世界、國都兩院同時上映，同場並加
映張小燕主演的得獎彩色古裝歌舞片「沙漠情歌」。

7月24日　星期五
【無記載】

7月25日　星期六
本日為故友林佛性（彬）逝世一週年紀念，在台北
濟南路二段四十四號華嚴蓮社舉行紀念會，我與張壽賢
兄于上午九前往敬禮。林先生係法學專家，前任總統府
國策顧問及本黨紀律委員會委員。與我們多年同事，彼
此感情極佳，尤令我追思不已也。

7月26日　星期日
光叔日前台灣大學畢業後，又考取留學美國。迨受

一年半軍訓後，再經美大使館考試英文順利通過後，則民國五十年春或夏可已赴美。今年留學考試很不容易，一千六百七十七人投考，只取五百四十七人，今年度為近五、六年最嚴一次。光叔考取之名次為第一百七十六名。

7月27日　星期一

上午十時出席國防研究院國父紀念週，總裁親臨主持，並訓話。惟天氣很熱，在兩小時之久。總裁精神如常，誠國家前途之幸運。

7月28日　星期二

上午十時半接見康巴族羅桑益希，談西藏抗暴，及達賴喇嘛逃印經過，以及達賴此時在印情形。認為我方應付此事頗為不易，要以總統公佈之文告為宣傳之原則。羅桑現任國民大會代表、蒙藏委員會委員。計談一小時之久。

7月29日　星期三

上午十時參加中央常務委員會第一五一次會議，副總裁主席。秘書處報告「關于陽明山革命實踐研究院與分院辦公問題之決定」，就是合併後由陽明山遷到木柵分院地址，並裁去一部份人員，節損一部份經費。第二組報告「遵奉對于滇緬邊區工作指示擬具處理辦法」。財務委員會報告「中央電影公司製片廠失火情形」，損失六百餘萬元，恐不實在，應查明責任。秘書處報告關

于六屆亞盟會議，已決定在台北召開。下午三時出席中央銀行第十三次理事會議。

7月30日　星期四
【無記載】

7月31日　星期五
中午招待霍亞民、陳少梅午餐。霍將赴美，為之餞行。陳由香港來，表示歡迎。下午四時紀律委員會舉行第二十二次會議，通過例案數件。下午五時舉行小組會議，傅秉常同志擔任主席，地點交通部招待所。

8月1日　星期六

匪情專家報告新聞界，大陸遭受空前未有水災、旱災和蟲災，人民食糧大起恐懼。因此共匪經濟體系已陷癱瘓狀態，「人民公社」已臨崩潰邊緣，大陸各地區已掀起激烈抗暴運動。

美俄兩領袖將互相訪問

華府與莫斯科二日同時宣佈，赫魯雪夫總理九月間訪美國，艾森豪總統約秋後答聘，雙方將作非正式會談交換意見。美方人士認為外長會議未提任何基礎，艾赫會談仍將難以打開柏林問題的僵局。

艾森豪在赫魯雪夫訪美前，將先訪問英、法、西德。

美副總統尼克森抵華沙時，波人熱烈歡迎，廿五萬人喝采擲花，情緒熱烈，遠勝于赫魔訪波。這都是波蘭人希美國人有所幫助。

8月2日　星期日

【無記載】

8月3日　星期一

上午十時出席國防研究院總理紀念週，並舉行婦女工作會議第五次會議開幕典禮，總裁親臨主持。

8月4日　星期二

余今年夏季精神、飲食、情緒遠不如昨年夏季，這都是環境使然。

8月5日　星期三

上午十時參加中央常務委員會第一五三次會議，副總裁主席，行政院報告海浦新生地研究小組勘察情形。

8月6日　星期四

【無記載】

8月7日　星期五

胡秋源違案糾紛不已

該案係因出版法經立法院修正通過後，胡作文在友黨刊物批評。經評議委員糾舉，紀律會正擬處理，忽據張厲生秘書長云另有新案，囑一併處理，但新案始終未交出。即至上次二中全會後，評議委員開會，總裁在聚餐會上發怒（已載本年五月二十日日記中）。嗣由各方送新資料，經紀律委員會予以警告處分，係根據出版法案。而中央常會則改以胡同志旅行歐洲，未經組織授權，擅與匪幹晤面予以警告。總裁批示認為不當（另有記載），並指責紀律委會不負責任。因此紀律委員會重行審議，故于本日午後在何同志雪竹寓中約胡同志面談。參加談話除本人外，尚有何雪竹、張壽賢兩同志（胡氏答復另有記載）。又一面請安全局等情報機關調查，總期水落石出。

8月8日　星期六

寮國戰事可能白熱化

共匪與越共勾結，擴大寮國戰事。寮北兩市鎮已為

判軍攻佔，寮共要求組聯合政府。越共軍正大量集結沿
寮國與越北邊境。俄報揚言寮戰火將曼延國外，因此東
南亞局勢將日漸惡化，是必然性。

共匪將侵印度

駐藏匪軍約十五萬人，多在軍略地區集結，不斷增
強對不丹和錫金邊境。這是侵印度先聲，印度方面已顯
示出一種恐懼。

8月9日　星期日
本省東南部大水災

低氣壓帶來強風豪雨挾山洪而下，人民于午夜夢中
驚醒相逃避。據初步調查，彰化、台中、苗栗、嘉義等
縣人民死傷慘重，尚無法統計其數字。軍警正協助搶救
災民，公路、鐵路停駛，電報、電話中斷。

8月10日　星期一
中南部水災嚴重

本省中南部狂風暴雨成災，其災情為六十二年來所
僅見，尤以彰化為最重，嘉義、台中等縣次之，政府正
在積極強救中。據警務處報告，除因交通斷絕，其情況
不明，其損失正設法調查外，茲將初步調查人民死傷所
發表之大約數字新聞黏于後。

本報訊

省警務處災害處理小組，截至九日夜十一時接獲全

省十三個縣市災害初步損害情形報告，統計十三縣市災民達四〇二〇三人，受傷者二二六人，失踪者二九二人，死亡者二二二人（上兩項共五一四人）。房屋全倒七九三四棟，半倒二〇九三棟。尚有幾個鄉鎮因交通通訊斷絕，其情況不明，其損害情形，警方正設法調查中。

8月11日　星期二

本日注射賀爾蒙。中南部水災損失數字增大，據警務處十一日夜十一時調查，災民逾十八萬，今晨五時止災民逾廿四萬。現在隨時有新增加，其數字一時不易調查清楚，須待清查戶口方可確定。

8月12日　星期三

政府積極撥款救災，並下令停止公私宴會。其他各界成立救災會，發動募捐，已募有巨款。此次救災工作上自政府，下至社會，充分表現同胞愛。茲將今晨（十二）警務處宣佈水災損失增加數字黏于後。

水災損失數大增　災民逾廿四萬
本報訊

省警務處對此次本省中南部水災損失所作的調查，截至今天凌晨五時止，數字已較昨天大見增加。

全省災民人數已突破二十萬大關，計為二十四萬六千八百零七人。其中死亡五百四十八人，失蹤五百三十人（已發現不明屍體七十一具），受傷九百六十三

人。房屋全倒二萬七千八百二十九棟，半倒一萬二千四百四十一棟，堤防沖毀三萬三千六百九十公尺，水圳沖毀九萬一千五百七十四公尺，農田沖毀七萬六千九百九十二甲，魚塭沖毀五百八十四甲，橋樑沖毀三百九十四座，隧道沖毀三處（一萬零廿二公尺，另二處不詳），鐵路軌道沖毀二萬三千一百八【後缺】。

8月13日至14日　星期四至五

【無記載】

8月15日　星期六

惟仁老太太請曾醫量血壓，高一百六十，低六十五，為入夏以來血壓最正常一次。

國軍跨入飛彈時代

美國駐台勝利女神飛彈營裝備移交我陸軍，我建軍史上創新頁。我是盟邦第一個使用飛彈國家，負起保衛台灣領空的任務。飛彈已安置放射台，已完成戰備，隨時待命殲敵。

8月16日　星期日

一、段茂蘭（觀海）于本日晚十一時由巴拿馬經日本飛返台北，余派申叔、光叔到機場歡迎。

二、匪在印邊陰謀暴露，圖組「喜馬拉雅」聯邦，沿藏邊興建機場，鋪設軍用道路，引起印度政府焦慮與不安。印度下令邊境嚴密警戒，印與匪幫關係

惡化，已進入「冷戰」。

三、繼大水災之後，恆春等處昨日下午又發生強烈地
　震，初步調查居民已死亡廿四人，房屋倒塌甚
　多，政府正在積極救濟。

8 月 17 日　星期一

【無記載】

8 月 18 日　星期二

上午十時出席總統府國父紀念月會，總統親臨主
持。同時新任駐澳大利大使陳之邁、駐菲律濱大使段茂
蘭、駐巴拿馬大使馬星野舉行宣誓典禮，總統監誓，並
訓話。

8 月 19 日　星期三

上午十時應吳三連宗兄約談，在座尚有實業家吳尊
賢、王錦昌二君。三連有兩事向我報告：

一、李玉階先生所辦之自立晚報營業不利，負債
　一百三十五萬元（台幣）。三連擬增資二百萬，
　以原有資產作為一百萬元，共三百萬，三連等佔
　三分之二股權，李玉階佔三分之一股權。並擬推
　李玉階為董事長，明勳為社長，王錦昌為經理（王
　係尊賢親戚）。三連說該報宗旨：（1）反共；（2）
　擁護蔣總統反攻大陸；（3）代表民意。

二、三連等認為台灣各種工業正在繁榮之中，但水泥
　工業甚為重要，擬投資一億台幣辦理水泥工業，

惟行政院尚未批準。

就上兩項事業觀之，三連等不但是台灣一個財團，而且有政治思想。至關于水泥工業，我允從旁幫助。

8月20日　星期四

一、印報紛傳大量匪軍進入印邊拉達克區，認為共匪侵略行動已趨頻煩擴大。尼赫魯深感困窘，猶在議會為匪掩飾。

二、上午與虞君質先生談話。虞先生精通哲學與藝術，為文人中不可多得之才，現任台灣大學文學院教授。並留虞君便飯。

三、友人張岳軍兄太夫人于去年三月四日在原籍四川華陽壽終，享壽九十四歲，今日在台北市寓所成服。因國步方艱，不舉行儀式，余于午後親往弔慰。

8月21日　星期五

關于吳三連、吳尊賢擬辦水泥工業，我已年老，不便奔走，擬請張壽賢兄代向政府問明在政策上是否需要增辦此項工業。本日午後特約三連、尊、壽賢在余寓面談。

8月22日　星期六

許靜仁老先生八十七歲華誕

今日是同鄉許靜仁（世英）八秩晉七華誕，仍照去年辦法，由張羣、于右任、莫德惠、張昭芹、賈景德、吳忠信發啟，于本日（農曆七月十九日）下午五時半至

六時半，在國際學舍舉行茶會慶祝。許老先生清操亮節，而又不事生產，生活艱難，親友分送壽儀，余亦送四百元。

8 月 23 日　星期日
【無記載】

8 月 24 日　星期一

上午十時出席中央紀念週，聽省警務處郭處長永報告中南部此次水災，以及風災、地震救濟情形。但水災為六十年所未有，其災區重建工作，非短時間可以完成。其需款孔鉅，支應浩繁，影響國家財政經濟。至水災後的風災、地震，雖有損失，尚無重大影響。

8 月 25 日　星期二

一、楊鑑泉先生九旬大慶

楊管伯兄尊翁鑑泉老先生九旬大慶，余于上午九時親往慶祝。楊老先生特命管伯捐款十萬元，作為建造軍眷住宅。本日往善導寺賀壽，機關首長及親友一千二百餘人。

二、友人宋希尚先生三公子叔欽與李小姐宗怡，在三軍軍官俱樂部舉行結婚典禮，余于午後四時前親往慶祝。

三、寮國局勢惡化

寮國宣稱「判軍包圍桑怒全境，向蠻巴拉幫省進攻。」美總統聲明，寮國請求增加援助，正作加

緊研究。

四、印度總理尼赫魯向議會聲明，現在西藏匪軍，如
進犯不丹、錫金，則印度決定作戰。並透露藏境
印人活動，均遭受限制。

8月26日　星期三

一、上午參加中央一五六次會議，討論「水災救濟及重
建工作」。據調查此次中南部水災損失約卅四億
新台幣，救濟與重建工作需款二十二億元。此種
款項除增加稅收外，只有請求美國幫助。而物價
在水災前已經上漲，現在更繼續上漲是必然的。
軍公教人員生活不能增加亦是必然的，則今後生
活艱苦，有不堪設想者。

二、賈景德先生本日八十大慶，因當前災情嚴重，堅
決辭謝所有祝壽舉動。余特于上午前往賈府，適
賈先生出外避壽。家中既無壽堂，亦無簽名冊（正
與余七十壽時辦法相同）。

8月27日　星期四

下午五時參加裕台公司第九屆第二次董事會議，深
感今年營業不如往年。尤以興台印刷廠，須積極加以整
理，不能再緩。

8月28日　星期五

一、馬星野大使本日中午飛巴拿馬任所，余與壽賢于
上午八時半馬府送行。彼此在中央黨部同事數

年，感情很好，大有依依不捨之感。

二、上午九時至實踐堂出席中央黨部四十七年度黨務
　　工作檢討會議。

三、下午四時主持紀律委員會第三十五次會議，通過
　　例案多件，並報告胡秋源案現階段情況。

四、下午六時出席小組會議，何應欽先生報告赴日本
　　出席道德重整會經過情形。據何云，日本人不敢
　　公開反攻，印度人說印度沒有力量抵抗共匪，若
　　然今後共匪在亞洲將可為所欲為矣。

8 月 29 日　星期六

　　友人趙志垚淳如先生公子育楚世兄，忽于本日廿五
日上午在某美工廠患急病逝世。趙世兄係在美國習化學
工程。趙先生夫婦非常悲痛，我與壽賢兄上午前往趙宅
慰問，勸趙先生多加保重。【中缺】印度總理尼赫魯向
國會宣佈，中共軍侵入印邊發生戰鬥，驅走印衛兵。印
政府向匪提強硬抗議，匪答復抗議，指印兵首先開槍。
華府人士及倫敦報紙均認印匪裂痕加大，印度人民對匪
忿怒逐漸加長。印軍奉命進擊匪軍，設立前進指揮部。
印匪雙方均調用傘兵。

8 月 30 日　星期日

　　強烈颱風「瓊安」來襲，半徑六百公里颱風，昨午
夜在台東新港登陸，台灣全省入暴風圈。越過中央山脈
後，威力漸漸減弱，嗣經台灣海峽，在閩省登陸，風力
達到十二級，並夾帶暴雨。本省此次「瓊安」颱風風力

雖大，所幸未帶來雨量很小。據氣象家解釋，係因地形和距離關係。茲將颱風新聞（三十一日）黏于後。

　　最大半徑達六百公里，最高速度達每秒七十五公尺的颱風「瓊安」，在臺灣及其外圍諸島經過一晝夜的騷擾，已於昨日午後遠颺，進入中國大陸。臺灣的八月，一向是天災較多的季節，而今年的情況更加特殊。八七的中南部大水災之後一個星期，屏東一帶在八月十五日發生了強烈的地震；地震之後兩個星期，臺省氣象所又發出了颱風「瓊安」可能來襲的警報。由於「瓊安」的半徑不斷擴大，進行的速度越來越高，氣象專家有人認為它是三十年來最大的颱風，在臺灣將造成多大的災害，更難加以估計。因此，全國上下都非常緊張，中南部遭受水災、地震打擊，創痛未復的同胞們，對「瓊安」之來，更是談虎色變，有「禍不單行」【後缺】。

8月31日　星期一

　　上午十時至陽明山出席國父紀念週，蔣總統親臨主席。其訓話有：八月一個月有一次大火災、兩次風災、一次地震，人民死傷與財產之損失慘重；行政院及省政府以及軍民人等積極救災，表現英勇精神。因災害影響財政，經濟必須克勤克儉，重建災區，要能自助，才能希望人助；又說共匪盧山會議重要問題是「人民公社」，該社早已名存實亡，亦就是毛澤東名存實亡。

總統行使緊急處分權力

總統依據憲法臨時條款規定，為應付水災後財經變故，頒發緊急處分令，變更現行稅法，並採取必要措施，限制國民消費，各項稅課電力、電信及鐵路、公路加價，自九月一日起分別附徵水災復興建設捐。

這是自民國三十七年五月十日公佈動員勘亂時期臨時調款以來，總統依據該項條款第一次發佈緊急處分命令。此項重要命令公佈後，社會反應如何，尚須注意。惟物價上漲，勢所難免，軍公教人員生活之困苦必更加重，但為復興災區計，亦只有忍耐下去。茲將總統命令全文黏于後。

總統令稱：「查臺灣省中南部於本年八月七日，遭遇六十年來所未有之水災，公私損失慘重，救濟善後，復興重建，刻不容緩。茲經行政院會議之決議，為適應需要，不得不採緊急有效措施，對現行稅法，及各級政府預算，為必要之變更，俾統籌運用，爭取時效，以應付財政經濟上之重大變故。爰依動員戡亂時期臨時條款之規定，頒布緊急處分事項如左：

一、政府為縮減暫可緩支之支出，並籌措災區重建資金之財源，對各級政府預算，得為必要之變更，並調節收支，移緩就急。其處理程序得不受預算法之限制，但仍照法定程序，於事後補辦追加減預算。

二、政府為節約救災，得採必要措施，限制國民之消費。

三、政府對下列各項稅課，附徵水災復興建設捐，其
　　稅目附加率，加徵之起迄時間如後：
　　（一）營利事業所得稅，照原稅率附加百分之十
　　　　　五，按四十八年全年所得稅額一次計徵。
　　（二）綜合所得稅，照原稅率附加百分之三十，
　　　　　按四十八年全年所得稅額一次計徵。
　　（三）屠宰稅照原稅率附加百分之三十，自四十八
　　　　　年九月一日起至四十九年六月三十日為止。
　　（四）娛樂稅，以臺北、臺中、臺南、基隆、高雄
　　　　　等五市之電影票為限，臺北市甲級電影院每
　　　　　票附加新臺幣二元，乙級電影院每票附加新
　　　　　臺幣一元，其他四市，每票附加新臺幣一
　　　　　元，均自四十八年九月一日起至四十九年六
　　　　　月三十日為止。
　　（五）筵席稅照原稅率附加百分之三十，自四十八
　　　　　年九月一日起至四十九年六月三十日為止。
　　（六）地價稅一律各照原稅率附加百分之四十，按
　　　　　四十八年下期一次計徵。
　　（七）田賦照原徵賦額附加百分之四十，按四十八
　　　　　年下期一次計徵。
　　（八）房捐稅照稅率附加百分之三十，按四十八年
　　　　　下期及四十九年上期計徵。
　　（九）貨物稅以水泥、人造絲、調味粉、平板玻璃
　　　　　及糖類五項為限，均照原稅率附加百分之
　　　　　三十，自四十八年九月一日起，至四十九年
　　　　　六月三十日為止。

四、政府對公私小客車一次徵收水災復興建設捐，每輛新臺幣五千元至一萬元，其分級標準，由行政院另行核定。

五、政府對電力費、電信費、鐵路、公路票價等，隨價徵收水災復興建設捐，其項目，隨價附徵率，及起迄時間如後：

（一）電力費──附徵百分之三十六，自四十八年九月份起，至同年十二月份為止。

（二）電信費──附徵百分之三十，自四十八年九月一日起，至同年十二月三十一日為止。

（三）鐵路客運票價──附徵百分之三十三，自四十八年九月一日起，至同年十二月三十一日為止。

（四）公路客運票價──附徵百分之三十三，自四十八年九月一日起至同年十二月三十一日為止。

六、以上（三）、（四）、（五）項徵收之水災復興建設捐，由行政院統籌調度支撥。

七、政府為籌措重建資金，核准發行之儲蓄券，其利息及獎金免納所得稅，金融機構對災區內公私各項重建貸款之契約票據，免納印花稅。

八、政府為貸款及籌措資金，協助災民重建住宅，其貸款年期及利率，得不受興建國民住宅貸款條例之限制。

九、政府為救災應變，對土地、人力、物資之徵用，以及物價，金融與經濟上之必要措施等事項，適用

國家總動員法，及其他有關法令，如現行法令無規
定者，為適應實際需要，並得為其他之緊急處分。

十、政府對災區重建工作，必須爭取時間，因地制宜，
凡關款項支撥，工程發包，物料採購及使用等事
項，應簡化審計會計程序，由行政院斟酌情形核飭
辦理，得不受各該有關法令之限制。

十一、政府為有效執行災區重建工作，對於辦理財
務、稅務及有關重建業務之人員，應督促其加
強效率，迅赴事功，由行政院隨時嚴加考查，
屬行獎懲。其有營私舞弊，或怠忽職務，或行
為不檢者，應即從嚴究辦，得不受公務員懲戒
法及有關法令之限制。

以上緊急處分各事項自命令頒佈日起，至四十九年
六月三十日止為施行有效期間。此令。」

9月1日　星期二

惟仁老太太請曾醫量血壓，高一百七十八，低六十。

印藏邊境劍拔努張

入藏匪軍侵入印度阿薩密禁區，另印邊兩據點亦被匪侵據。

尼赫魯指控匪侵略，美報認為印度自食惡果，謂「我們曾經這樣告訴你的。」

蘇俄正對阿富汗王國加緊強力控力控制，阿軍事由俄掌握，現正接受俄援，全面改變政治經濟，印巴兩國更受威脅。

我們就現在印匪交惡情形推斷，在共匪方面真正侵印的時間尚未到，當前是在製造緊張情形，使尼赫魯不敢再干預西藏局勢，使尼赫魯進一步為共匪在國際間作走卒。要促使印警覺，回頭是岸，打擊共匪，不必有幸災樂禍心理。親匪的印度國防部長梅農被迫下台，因受三軍首長反對梅農政策，這是印度軍人干政之開始。

傳匪轟炸印邊，侵入不丹、錫金，印陸軍已接管北部邊境。

9月2日　星期三

一、上午十時參加中央第一五八次會議，總裁主席。
討論「關于如何照顧貧困黨員案實施意見」，討論「中國國民黨黨籍總檢查辦法修正草案」，以及報告案多件。至十二時卅分散會。
二、午後賴連同志偕丁耀中同志來訪。賴新由美國歸

來，他在聯合國做事。賴氏精明強幹，能說能
寫，深知國際大勢，尤知美國社會情形。他說美
國大多數人終日奔走有三件事：（1）金錢；（2）
權勢；（3）享受，但亦有死于三種病：（1）心臟
病；（2）血壓高；（3）胃潰瘍，前三者與後三者
互為因果。賴氏福建長汀人，曾任本黨中央委員
等職，是黨國優秀人才。

9月3日　星期四

請求退休

中央黨部現正擬具實施「各級黨部重要專職幹部職
期（三年）調任及六十歲幹部退休一案」，本日由第一
組提出工作會議討論。蓋余任紀律委員會主任委員已逾
六年，而又七十六歲高齡，理應退休。余久擬離開紀律
會，苦無機會，今者有此良機，率先表示退休。故于今
晨與壽賢、昆田商酌上書總裁，並推薦壽賢忠黨愛國，
請總裁培育。茲將原函錄後。

第一函（請退休）

查忠信任職紀律委員會主任委員，瞬逾六載，而年
齡又屆七十有六，精力俱遜于往時。近當中央正議幹部
人員退休及互調辦法之際，自應率先引退，俾符章制，
而宏新陳代謝之作用。茲謹具呈請辭紀律委員會主任委
員一職，敬乞賜准，並允於退休，是所至幸。此上
唐秘書長，轉呈

總裁蔣

　　　　　　吳忠信　四十八年九月三日

第二函（推薦張壽賢同志）

　　查中央紀律委員會副主任委員張壽賢同志，忠黨愛國，練達有為，洵屬本黨不易多得之幹部人才。忠信忝任該會主任委員，六年以還，多所倚畀，而朝夕相處，知之亦深。茲當中央專職幹部人員調動之際，特本于推薦賢能之義，謹肅一言，尚乞酌賜培育為幸。此上

唐秘書長，轉呈

總裁蔣

　　　　　　吳忠信　四十八年九月三日

9月4日　星期五

一、惟仁老太太請朱醫診斷，高血壓一百七十，低七十。惟兩足發腫，確是心臟病，必須從速診治。我的血壓高一百十，低六十，似覺太低，應加注意。我今年入春迄今，精神時覺疲困，與去年相比相距太遠。

二、麗安太太今日係五十三歲生日（農曆八月初二日），申叔等在信義路寓祝壽吃麵。

三、庸叔本晚十一時由美國來電話，已于昨日（九月三日）考畢，得碩士學位。適值麗本日過生，大家非常歡喜。庸叔出國三年有餘，由大學一年級讀起，而學士，而碩士，真是不易，其認真攻讀，可想而知。他是習電子計算機。

9月5日　星期六

一、印度加爾各答印共暴動，警察發生衝突，先後十
多名暴徒被擊斃。這是印度開始流血，同時印度
三軍首長反對國防部長，使梅農部長不得辭職。
這是軍人干政開始，更加中共以武力威脅印邊，
從此印度內憂外患，從此多事，印度人民苦矣。

二、寮國形勢緊張，越共以正規軍及砲火助長寮共判
亂，判軍深入桑怒省，發動最大規模攻擊，使用
大砲猛轟。寮軍已經中止反擊，準備保衛首都。
寮國局勢如此惡化，美國雖表關切，無補于事。
倘民主國家不拿出力量幫助寮國，則寮國淪陷共
黨，不過時間問題耳。果爾，則整個東南亞為共
黨所有了。

9月6日　星期日

【無記載】

9月7日　星期一

中央委員會于本日（七）上午九時在中山堂舉行九
月份聯合總理週，由我擔任主席。由教育部次長報告，
題為「各級學校教育問題」。

9月8日　星期二

訪老同學林競（烈敷）先生，談談民國二年東京政
法學校情形，不甚有今昔之感。因我擬寫回憶錄，請林
先生將此一部份資料酌予寫出，以便參考。今日已是白

露節（癸巳日），將至秋分。時間過得太快，吾人年歲
日日增高，瞻望前途，何堪設想。

9 月 9 日　星期三

上午十時參加中央常務委員會第一五九次會議，總
裁主席。（1）行政院政務委員余井塘報告「軍用土地清
查結果」；（2）台灣省黨部主任委員尚官業佑報告「到
任兩月工作情形」，及「協助救濟水災工作情形」；
（3）「羅家倫報告在歐期間對國際局勢之觀察」；（4）
討論「中山獎學金選拔優秀青年同志出國深造實施辦
法」，及「大專院校優秀清寒學生同志獎學貸金實施辦
法」草案（此案交付審查）。至十二時五十分散會。

9 月 10 日至 12 日　星期四至六

【無記載】

9 月 13 日　星期日

朱仰高醫師午後過訪，請我題畫。朱的作品以雄厚
氣勢，表現個人天真個性作風。以業餘作畫有此成就，
難能可貴，不可多得之才。據仰高先生云，申叔肺部決
無問題，主張予以檢查，究近身體瘦弱，原因何在。

9 月 14 日　星期一

美參院通過補充法案，以經援鼓勵俄附庸國，使其
衝破共黨牢籠，使美總統得給予附庸國財政援助。就
我觀察，美國此種計劃太理想、太天真，恐不易得其

目的。

9月15日　星期二

　　俄國火箭射入月球，以科學成就太空競賽被俄領先，美國落後一步。美國月球火箭亦將發射。據美國副總統尼克森云，太空競賽美國研究基礎並不遜于蘇俄，今後必須加倍努力。

9月16日　星期三

一、上午十時參加中央第一六〇次常務會議，討論派優秀青年同志出國留學，及國內優秀同志獎學金事。

二、下午三時出席國大黨團改選小組長會，我主張仍以吳代表兆棠連任小組長。

三、陳光甫兄昨日抵台北，余本日下午五時到北投寓所拜訪，暢談甚歡。即在陳處晚餐，並貝松蓀老友等在座。

9月17日　星期四

　　今日中秋節，在大水災後，節約聲中度秋節。因軍公教人員生活日在困難之中，購買無力，因此市場清淡，貨物滯銷。即以月餅一項生意而論，不及去年一半。我仍照去年分別向黨元老于右任老同志（八十二歲）及同鄉長老許靜仁（八十七歲）老先生拜節，聊表敬老尊賢之意。今晚碧空如洗，月色如銀。

9 月 18 日　星期五

一、洪蘭友先生于去年八月十六日逝世，今日又是農
　　曆八月十六日，正是一週年。余與壽賢兄于今日
　　上午十時，到北投洪先生墓地敬禮。追念故人，
　　百感交加。

二、我請退休，尚未得總裁批准。我是出于真情，不
　　能因我而防害別人退休，我應該提唱退休，以宏
　　本黨新陳代謝之作用。

9 月 19 日　星期六

　　昨日午後上海銀行召開董事會，董事長陳光甫兄主
席，我們在台董事一律出席，推舉銀行家貝松蓀兄為上
海銀行董事。今日（十九）午後七時在自由之家由銀行
董事及中國旅行舍董事，公宴貝董事。席間我與光甫先
後致詞，表示歡迎。

9 月 20 日　星期日

　　【無記載】

9 月 21 日　星期一

　　上午十時參加陽明山國防研究院總理紀念週，總裁
主席，報告共匪高級人事調動，及俄國頭子赫魯雪夫最
近訪美情形。

9月22日　星期二
惟仁老太太生日

　　今日係惟仁老太太七十晉六生日，他的身體與昨年不相上下，惟足腫未退，乃是心臟問題。上午偕老太太及麗安、襄叔到龍山寺進香。該寺最近重修，煥然一新。

9月23日　星期三
　　上午十時參加中央第一六三次會議，外交黃部長少谷報告西藏等事宜。

9月24日　星期四
　　上午十時半鮑國昌先生來訪，他由南美烏拉圭回來的。他是于大陸撤退赴烏拉圭，即在南美經商，頗有收獲，在台北亦有製藥工廠一所。申叔在烏拉圭時很承鮑氏幫忙關照，深為感謝。申叔中午約鮑午餐，我送鮑舊畫兩幅，以作紀念。

9月25日　星期五
　　下午三時主持紀律委員會第二十四次會議。除通過例案外，並交換處理胡秋源同志案，一俟資料調查齊全，再行討論。

9月26日至27日　星期六至日
　　【無記載】

9 月 28 日　星期一

一、中樞紀念孔子誕辰，總統親臨主持典禮，我于上
　　午十時前往參加。考試院副院長程天放「以孔子
　　的新評價」為題發表演說，其重點有孔子是偉大
　　的教育家、偉大的政治家，鼓勵人愛國家、愛民
　　族，提倡個人尊嚴，孔子學說永受人尊崇。

二、苗培成先生之夫人王羣英女士日前病逝（王女士係
　　陸軍第一醫院同中校主治醫生），本日上午在極
　　樂殯儀館公祭，余偕張壽賢兄前往弔唁。

三、故人徐次辰（永昌）本日安葬，余于午後三時至極
　　樂殯館參加徐氏啟靈祭，再送陽明山墓地，五時
　　下葬。

9 月 29 日　星期二

　　同鄉唐盛鎬博士此次由美訪問遠東，經日本、韓
國。特去函我國駐日大使張厲生兄、駐韓國大使王東原
兄予以接見，多加賜教。

9 月 30 日　星期三

　　上午十時參加中央常務委員會一六三次會議，總裁
主席。通過例案多件後，即研究美俄兩首領艾森豪、赫
魯雪夫會談情形。各常委很多發言，大意赫接受裁兵
管制，分化美國。赫說如美國軍費 400 億，俄國軍費
250 億。艾赫會談冷戰和緩，熱戰走遠，對我們民心士
氣有影響。艾赫會談就是等于美蘇高階層會議，赫的陰
謀，孤立美國與瓦解美國防堵。匪俄將唱雙黃，將改變

美國對華政策，將凍結我方，然後取攻勢。總裁指示：
美蘇停止試放核子武器，如共匪明日（十月一日）試放
核子，等于是蘇俄放的；如共匪經赫魯雪夫疏解釋放被
扣留五個美國人，是很有影響的，不是很快放出的，或
陸續釋放；共匪內部問題多，半年或一年必有變化，我
們不致失敗；我們站在台灣沒有危險，但有困難，毛匪
仍存在匪俄之間有距離；美國對華政策是兩個中國，屆
時我們自己要有力量，明年是最關重要之一年。就我看
來，赫魔重彈和平濫調，民主國家當心上當。此次艾赫
會談對西方也許和緩一點，對東方必定積極陰謀，其唯
一對象是台灣。

10 月 1 日　星期四

請退休尚未批准

一、中央黨部唐秘書乃建（縱）今日上午來訪，談及我呈請退休事（原函已載本年九月三日日記內）。據云已經報告總裁。總裁說中央各單位主管係政治性，不在退休之列，其他專職幹部職期調任，應即規定辦法，實行調任。因此特將你上次呈請總統辭紀律委員會主任，及請退休函退還。余再三說明年老必須退休，而宏本黨新陳代謝之作用，且在中央黨部我年齡最高，我如不退休，恐妨害別人退休。唐一定要將原函退回，我不肯收。最後決定暫時不談退休，函請唐代為保存。

二、何浩若兄來訪，他說大陸共匪內部發生意見，隨時可以出事，我們內部要團結。

三、光甫兄今日上午回香港，壽賢、申叔代表我到機場送行。

四、我精神欠佳，今年很多地方不如去年。

10 月 2 日　星期五

　　共匪新國防部林彪狂妄發言，「一定要解放台灣及沿海島嶼」濫調。

10 月 3 日　星期六

　　【無記載】

10月4日　星期日

匪黨鄧小平書記說，中共黨內出現反對派。又在真
理報撰文稱，中共決心繼續推行其建立「人民公社」的
計劃，並提共黨內部各種不同反對集團。匪國防部長林
彪說，匪軍部隊中充斥「右傾機會份子」和「個人主義
份子」、「資產階級思想」，「軍隊中加強馬列主義理
論」和「黨的總路線」。林彪又說，「有野心人不服從
黨的領導，甚至與黨發生分裂，另搞一套」。林彪所指
可能就是被撤職前任偽「國防部長彭德懷」和「參謀總
長黃克誠」。總之匪思想動搖，內部意見紛起，互相猜
忌，隨時發生變化，是意中事。

10月5日　星期一
光叔入營受訓

　　光叔本年既在台灣大學畢業，嗣又考取留學美國。
本日入營（空軍）受預備軍官訓練一年半以後，即可辦
理出國各種手續。今晨五時申叔、謝應新等都到車站
送行。光叔現年二十三歲（丁丑年出生），第一次離
開家庭。

10月6日　星期二

　　美國務卿赫特在記者招待會表示，美與共匪緊張情
勢，未因蘇俄頭子赫魯雪夫訪美和緩，並指出共匪繼續
以武力威脅台灣，聯合國依舊譴責共匪是侵略者，共匪
仍在拘禁美國人，並謾罵美國。美國副國務卿狄倫對共
匪提出警告，匪如侵台灣與外島，勢將引起核子大戰。

指斥共匪十年來暴行變本加厲，俄帝必須分擔北平行動之責任。

10 月 7 日至 8 日　　星期三至四
【無記載】

10 月 9 日　　星期五
與光叔來往函

一、光叔七日午來函，大意五日晨五時半動身，乘火車，經過十五小時到東港，疲倦不堪。臥床有臭蟲，難以入睡。六日五時半起床，因身材高，編號第一名，做班長，因此另外工作加多。早晨起來，只有四分鐘洗臉，十分鐘整理內務，六分鐘大便。須在露天洗澡，並用冷水，頭髮已剃光。開始四週至六週，不許外出。早點大饅頭一個、豆漿一碗，午飯二菜一湯，湯如清水，二菜滋味欠佳。如到福利社補充，普通炒飯六元一客，去一次大約要花十元不到。初來過不慣，不久就可過慣了。

二、復光叔函

　　兒此次第一次離開家庭，當然家庭生活與軍隊生活不同地方太多了，慢慢習慣軍隊生活，則軍中軍中之樂也。

　　　　　　　　　九日午後

三、英國保守黨大選獲勝，因此對亞洲政策不會變。美、英、法可望早日會議，西方各國對保守黨勝

利表歡迎。老政治家邱吉爾當選英下院議員，這
是連續勝利第九次。

10月10日　星期六

十月十日雙十國慶，九月九日又是重九佳日。兩個
富有意義的佳節，居然同在一天，可謂難得之至。今日
天朗氣清，陽光普照，余于上午十時到總統府參加國慶
紀念典禮。蔣總統親臨主持，並宣讀今年國慶日告軍民
書，中有我們邁向勝利，匪黨一年三大失敗（第一是毛
匪垮台，傀儡政權轉移劉匪少奇；第二共匪在一面領導
而逐漸轉移莫斯科領導；第三特別是共匪經濟危機，人
民公社遭受挫敗，不得不將大耀進改為大耀退），迅速
走向全面崩潰邊緣。又昭示匪方幹部官兵起義歸誠決予
優待，自救救國必將名垂千古。其結論惟有團結一致繼
承國父遺志，追隨先烈血跡，同心一德，刻苦奮鬥，光
復山河。華僑一致擁護蔣總統連任，繼續領導軍民以竟
匡復之功。海內外人士廿餘萬參加慶典，並遊行高呼蔣
總統萬歲。彩燈人潮慶盛事，歡呼直上干雲霄。

10月11日　星期日
【無記載】

10月12日　星期一

于院長右任在監察院約在台前民立報同仁及眷屬聚
餐。每年是在九九重陽日約聚餐，今年重陽日是國慶
日，故改在本日。

10 月 13 日　星期二

　　午前偕申叔參觀全國商品展覽會。本省工商業確係
進步，產品精美，內容充實，不但足夠本省應用，而且
賸餘產品尚可外銷。惟都輕工業產品，甚望在重工業方
面有所發展。

10 月 14 日　星期三

復庸叔函

十月十日收閱十月五日來函，均悉。

一、光叔于五日晨赴港入營受訓（空軍），他初次離開
　　家庭，變改生活習慣，當然在短時間有所不慣。

二、來函謂「現在所做工作與以前所學不太有關係」，
　　但總接近所學，亦是研究之機會。

三、來函謂誠恐所讀的書一丟，將來再有興趣讀書，
　　就趕不上了。所見甚是。

四、我想你現在時間很忙，沒有時間看書。假定在百
　　忙之中稍留時間，可以看書為消遣。若然將來再
　　有興趣、有經費，而環境又許可繼續深造，是我
　　們對你期望，不要有絲毫勉強。

五、我的老生常談，就是保重身體。蓋身體為一切事
　　業之基本，如駕車、運動等等，須隨時當心。

六、光甫老伯現在香港，他知道你畢業做工程師，非
　　常高興。他要與你通信，望你將現在新屋地點直
　　接函知，並道謝過去幫忙你讀書。

　　　　　　　　　　　　　　　　　　　　十月十四上午

10月15日　星期四

【無記載】

10月16日　星期五

蔣總統農曆生日

　　今日係農曆九月十五日，是他農曆生日，我到士林官邸簽名慶祝。前兩年都是洪蘭友同去，他已于去年去世。昨、今兩年都是一個去，不甚有今昔之感。

　　十月六日午後訪楊亮功兄，請他研究中央研究院在組織上能否為申叔找一個位置。

10月17日　星期六

　　上午偕張壽賢兄到景美五彩印刷廠參觀。該廠是美國最新式機器，請美國人設計，這是台灣規模宏大彩印廠。

10月18日　星期日

　　基隆地方法院院長趙執中兄偕同基隆市政府建設局長李白珪來見，因基隆市長明春改選，李君擬請中央提名競選，託我說話。但現在本黨同志擬競選市長，有市黨部主任委員李國俊、市議會議長蔡火炮、港務局長唐桐蓀、市政府主任秘書周世萬，以及李白珪一共五人，友黨尚不內，此事很不簡單。我只得答復，我可以代你說話，但逐鹿者多，恐不有效。李白珪兄係安徽桐城人，在基隆市政府曾任財政局長，嗣調任建設局長，先

1959 年 10 月

後有七年之久。果真競選，可能成功。他對黨政關係如
何不得而知。我是與白珪第一次見面。

10 月 19 日　星期一

今晨腹瀉

我飲食不慎，今晨（十九）腹瀉，在五小時內大瀉
六次，非常疲倦。隨即請朱仰醫師診治，先服特效藥，
再服其他止瀉藥，大有進步。惟年老氣衰，不能立刻復
元，必須加以休息。好在血壓未下降，高 120，低 60。

友人陳江先生忽病逝

友人名律師陳江先生（號東皐）于昨日（十八日）
上午十一時到余寓訪問，談話約四十分鐘，精神健旺，
斷難料到今晨（十九）三時卅分逝世。人生若浮雲朝
露，夫復何言。陳先生最後與我四十分鐘談話中有：

（1）批評李宗仁（陳原本接近宗仁）不顧國家民族存
　　　亡走美國。其誤宗仁大事，是邱昌渭、甘介侯諸
　　　人。假定當時聽禮老話，何致鬧到如此之糟。

（2）分析台灣名人君子太少，小人太多。論到台灣工
　　　商界，他說商場日走下坡路，內地人商店開支太
　　　大，更難支持。至于工廠確有前途，當前熱門以
　　　三夾板、紗布、水泥出品外銷賺錢者很多。

（3）談到溪東曙擬恢復楊子木廠（做三夾板），倘若
　　　用人不慎，則前途未可樂觀。陳與奚是朋友，因
　　　此對奚關心。

（4）談到工業巨子□右祥。他說右祥係老朋友，當其

在滬貧困時，對其很多幫忙。現在大發其財，在
台灣既有遠東紡紗廠、織布等廠，最近又一個大
規模水泥廠。言語中右祥有不顧交誼之意。

10月20日　星期二

腹瀉雖止，體力尚難全復，整日在信義路寓所休
息。惟仁老太太來看我的病，回到和平東路寓所即發舊
病。所幸申叔在旁，立即服強心藥，未鬧出大問題。

10月21日　星期三

與經國往來函

經國來函謂：

　　十月三十一日為家嚴七秩晉三瑞誕。際茲時艱災
後，不敢有所舉動，特奉武嶺蔣氏懷德集及危急存亡之
秋二書，聊誌紀念，敬函賜察。順頌

崇安

　　　　　　　　世姪蔣經國　十月十二日

復經國函：

　　十月十二日大函敬悉，承惠賜武嶺蔣氏懷德集及危
急存亡二書，亦已拜讀。此時發表是項文件，至深洽
當，感佩之餘，用特奉復。順頌

勛綏

　　　　　　　　忠信拜啟　十月廿一日

　　查危急存亡一書，就是關于蔣總統引退，李宗仁代
總統。這是民國卅八年非常嚴重時期，因此大陸淪陷。
余當時任總統府秘書長，當蔣總統引退，代蔣總統辦理

移交後，余即辭去秘書長，故當時情形知之甚詳，當另
有記載。至經國所作危急存亡之秋書中，很有幾段提及
我之意見，並有我與總統及其孫公子野餐照片。總而言
之，大陸淪陷原因不是一朝一夕，而李宗仁之胡鬧，決
不能辭其咎也。

弔同鄉倪超凡兄

友人陸軍少將倪超凡兄于十月十八日下午九時因心
臟病忽然逝世，享壽五十九歲。安徽舒城縣人，一向在
保秘局工作。余于二十一日上午九時到極樂殯儀弔唁，
申叔一同前往。超凡對我素來尊重，彼此素有感情。以
倪年齡正好做事，今者與世長辭，殊為可惜。

方治來談（十月二十一日上午）

一、李白珪競選基市長事託我幫忙。告以看來很容
易，做起來不簡單，究竟白珪與中央關係何在，
應該事先弄弄清楚（競選有五人，已在十八日日記
說過）。

二、方氏談到政治很多不滿，來日困難太多。

三、方氏談到他本人在大陸救災總會任秘書長已有七、
八年之久，擬明春辭職。

10 月 22 日　星期四

弔陳江先生

上午九時到極樂殯儀館弔陳江。陳（號東阜）江蘇
崇明人，享壽六十歲。陳是有名律師，未免去世過早，

良可惜也。

10 月 23 日　星期五
金幼洲、陳紫楓、孫中岳來談（十月廿三日午後）

　　金幼洲、陳紫楓、孫中岳三人來訪，適余因病在信義路寓所休息，他們要與我見面，祗好用電話一談。他們是為李白珪競選市長事而來，要我說話。我坦白答復，決不是我們幾位立、監委員、國大代表面子可以辦成者，但不知白珪與有關機關關係如何，請他注意及此。

10 月 24 日　星期六
　　郭寄嶠胞侄萊華世兄與宋瑞診（台灣人）醫師女兒和碧小姐，于本日（廿四）午後六時舉行結婚典禮，請余證婚。郭世兄習海軍。宋小姐成功大學畢業，習化學。

10 月 25 日　星期日
　　與彥龍研究退休事，他有如下之分析：
一、按立法院最近通過之退休法，政務官不在該法退休之內。
二、政務官與事務官之分別，前者隨時可以免職，後者則係依公務員任用法任用之，而受其保障，不能隨時免職。
三、紀律會（本會）之組織，主任及委員會主任委員相當于政府各部會首長，亦係政務官性質。

四、本會之專職工作人員退休辦法，自以組主任及委
　　員會主任委員下人員為限，組主任及主任委員應
　　不包括在內。

10 月 26 日　星期一

一、彰化縣長陳錫卿兄晨來訪。據云他已一連縣三任縣
　　長，不能再競選第四任縣長。他本擬決定到美國參
　　觀，嗣因水災未能成行。繼談本年八月大水災，彰
　　化損失最慘重。水災原因，係山地伐樹太多，河堤
　　年久失修，以及河底沙泥太高關係所造成。

10 月 27 日　星期二

藏印邊界緊張

　　上星期三中共與印度在西藏拉達克邊界衝突。印警
被擊斃九名，被俘十名，造成印匪關【後缺】。

　　【編註：日記至本日為止。】

民國日記 81

吳忠信日記（1958-1959）
The Diaries of Wu Chung-hsin, 1958-1959

原　　著　吳忠信
主　　編　王文隆
總 編 輯　陳新林、呂芳上
執行編輯　李佳若
封面設計　陳新林
排　　版　溫心忻、施宜伶

出　　版　🛡️ 開源書局出版有限公司

香港金鐘夏愨道 18 號海富中心
1 座 26 樓 06 室
TEL：+852-35860995

🌼 民國歷史文化學社 有限公司

10646 台北市大安區羅斯福路三段
37 號 7 樓之 1
TEL：+886-2-2369-6912
FAX：+886-2-2369-6990

初版一刷　2021 年 10 月 29 日
定　　價　新台幣 350 元
　　　　　港　幣 90 元
　　　　　美　元 13 元
ISBN　978-626-7036-20-4
印　　刷　長達印刷有限公司
　　　　　台北市西園路二段 50 巷 4 弄 21 號
　　　　　TEL：+886-2-2304-0488

http://www.rchcs.com.tw

國家圖書館出版品預行編目 (CIP) 資料

吳 忠 信 日 記 (1958-1959) = The diaries of Wu
Chung-hsin,1958-1959/ 吳忠信原著 ; 王文隆主
編 .-- 初版 .-- 臺北市 : 民國歷史文化學社有限公
司 , 2021.10

　　面 ;　公分 .--（民國日記 ; 81）

ISBN 978-626-7036-20-4（平裝）

1. 吳忠信　2. 傳記

782.887　　　　　　　　　　　　110015948